かわはら先生の
憲法出前授業

よくわかる改憲問題

高校生と語りあう日本の未来

川原茂雄

明石書店

はじめに

２０１６年７月に行われた参議院議員選挙の結果によって、与党である自由民主党と公明党の議席に、改憲に前向きであるとされる政党の議席を合わせると、参議院の全議席の３分の２に達しました。すでに衆議院では、与党だけで３分の２の議席を占めているため、これによって与党と改憲に前向きな政党の議員がすべて賛成すれば、国会での改憲の発議ができるようになりました。

しかし、この参議院議員選挙の選挙運動期間中、安倍首相は街頭宣伝では一貫して改憲について口にすることはなく、選挙の最大の争点は経済政策だとして、改憲の是非について国民に対して正面から問うことはありませんでした。ところが、選挙が終わって「改憲勢力」が３分の２に達すると、「(改憲へ) しっかりと橋がかかったと思っている」というように、改憲に向けての意欲をあらわにしました。

日本国憲法が制定されてまもなく70年になろうとしていますが、このような状況によって、憲法制定以来はじめて、改憲ということが現実的な可能性をもった問題として国民の前に現れてきました。にもかかわらず、この参議院議員選挙の結果によって「改憲勢力」が３分の２に達することの意味を、選挙の前から十分に認識していた国民は多くはなかったようです。選挙後になって、「そんなことは知らなかった」とか「改憲することまで一任したわけではない」という声も聞かれました。けれども間違いなく、これから私たち国民は、この改憲問題に正面から向かい合わなければならないのです。

憲法や改憲問題については、すでにたくさんの関連本が出されており、私自身もそれらの本から大変勉強させていただいてきました。その上に、私のような者がなにかを付け加えることもないのですが、18歳選挙権が実現し、２０１８年からは国民投票にも18歳から参加できることになることから、高校生さらには中学生にも憲法と改憲問題についてわかりやすく解説した本が必要ではないかと考えました。

長年、学校現場での社会科（公民科）の授業で、憲法や改憲問題について生徒たちに教えてきたのですが、授業ではどうしても知識や概念を教え込むようなものになりがちでした。この本では、教師である「かわはら先生」と高校生の「けんた君」との「対話形式」にして、できるだけ読みやすく、中高生にとってもわかりやすくなるような表現をこころがけました。はたして、そのような意図がうまくいっているかどうかはわかりませんが、できれば中高生だけでなく、一般の市民の皆さんにもぜひとも手に取って読んでいただきたいと思っています。

これからいまの日本国憲法を変えようとするにしても、変えないようにするとしても、まずは憲法とはどのようなものであるのかを知ること、そして憲法を変えるということはどのようなことであるのかを知ることは、これからの日本の国民にとって必須のことであるように思います。そのために、この本が一人でも多くの人たちに読んでもらえることを願っています。

もくじ

かわはら先生の 憲法出前授業 よくわかる改憲問題――高校生と語りあう日本の未来――

1時間目

いまの憲法を変えるって、何で？

◯憲法変えるって、本当ですか？

けん　かわはら先生、いまの憲法を変えるかもしれないっていう話を聞いたんですけど、本当ですか？

かわ　おっ、けんた君、君は野球のことしか興味がないと思っていましたが、社会や政治のことについても関心を持つようになったのですか？　たしかにこの前の参議院議員選挙の後、安倍首相や自民党の中から改憲とか憲法改正という声が上がってきたので、新聞やテレビのニュースなんかにも取り上げられるようになってきましたね。

けん　先生、僕も18歳になったので、このあいだの選挙にも、ちゃんと投票に行ってきましたよ。でも安倍首相は、選挙運動期間中にはアベノミクスや経済の話ばかりで、あまり憲法改正のことは言っていなかったように思うんですけど、どうして選挙が終わったとたんに憲法を変えるというようなことを言い出したのですか？

かわ　安倍首相は、もともといまの憲法を変えたいという考えを持っているのですが、選挙の前にそれを強く押し出すと自民党への票が減るかもしれないと言われたので、選挙運動期間中にはあまり改憲については口にしなかったようです。

けん　でも先生、選挙の前にはあまり口にしてなかったのに、選挙が終わったとたんに憲法を変えたいと言い始めるのは、「詐欺商法」みたいなやり方ではないですか？　そもそも、いったいなんで安倍首相は、いまの憲法を変えたいと言っているのですか？

かわ　いい質問ですね。まず、いまの憲法を変えるとか変えないという問題を考えるためには、**「なぜ憲法を変えようとするのか？」**ということだけでなく、**「そもそも憲法とは何か？」「誰が憲法を変えようとしているのか？」「憲法のどこをどのように変えようとしているのか？」「憲法を変えるためにはどのような手続きが必要なのか？」**というようなことをしっかりと知っておくことが大事だと思います。

けん　そりゃあ大変だ！　先生、僕なんか、いまの日本国憲法については授業で習った「三大原則」と、あと第25条の生存権のことくらいしか憶えていませんよ。

かわ　ん？　たしか、君には1年生の時に「現代社会」の授業で、僕がしっかりと日本国憲法について教えたはずなのですが……。

けん　すいません。先生の授業は午後が多かったので、何度か睡眠学習していました……。

かわ　まあ、君は野球部のレギュラー選手で、現役時代は毎日練習練習で疲れていたからな。よし、それでは、これから一週間、毎日放課後に、憲法と改憲についての「特別補習＝出前授業」をしましょう。

けん　げっ！　そっ、それは……余計な質問しなければよかった……でも先生、僕は高校卒業後、大学に行って法律の勉強をしたいので、法学部への進学を考えています。とても良い機会なので、ぜひとも憲法と改憲についての「特別補習＝出前授業」をお願いします！

◯いまの憲法は、もう古くなったの？

けん　最近、新聞やネットのニュースなんかでも「**憲法改正**」とか「**改憲**」いう言葉を、よく見かけるんですが、これって、いまの日本国憲法を変えようってことですよね？　なぜ、いま憲法を変えようという話が出てきているのですか？

かわ　いまの日本国憲法を変えようという話は、もうずいぶん以前からあり、これまでも何度か、国会などで話題になってきました。２００６年に、現在の首相である安倍晋三氏が最初に首相となった時、憲法改正のための「**国民投票法**」を成立させるなどして、ひととき大きな話題になりましたが、その後の２００７年に彼が退陣してからは、しばらくその話題も途絶えていました。２０１２年の衆議院議員選挙で自由民主党が政権を獲得し、再び安倍晋三氏が首相に就任してから、この「憲法改正」ということが、改めて大きな話題になってきたのです。

けん　これまで日本国憲法が、憲法改正によって変えられたことはあるのですか？

かわ　いまの日本国憲法は、１９４６年に公布され、翌年に施行されてから、もう69年が過ぎていますが、**この間、一度も「改正」されることなく、その条文も一字一句変えられることなく**今日までできています。

けん　そんなに長い間、変えられなかった日本国憲法を、なぜいま変えようというのですか？

かわ　いまの日本国憲法が制定されてからもう半世紀以上、70年近く経っているので、**いまの社会や時**

代には合わなくなり、もう古くなってきているのではないのかというのが、この憲法を変えたいという人たちの理由のひとつなのです。

けん　いまの日本国憲法ができて69年が経ったということは、ちょうど僕のおじいちゃんの年齢と同じですね。でも、僕のおじいちゃんは69歳ですが、田舎で農家をやっていて、まだまだとっても元気に毎日働いていますよ。

かわ　いまや人生80年、日本人の平均寿命も80歳を超えているからね。50代、60代なんてのは、まだ「洟垂れ小僧」かもしれません。もう60年以上も経っているから、いまの憲法は古くなったと言っている人たちがいますが、じつはいまも日本の政治の中心舞台となっている**国会議事堂の建物**は、もっともっと古くて、1936年に建ってから、**もう80年以上も経っている**のです。

けん　えっ！　国会議事堂って、そんなに古い建物だったのですか？　それじゃあ、あちこち雨漏りなんかして傷んできていて、もう建て替えましょうという話にはなってないんですか？

かわ　これがなかなか立派で頑丈な建築物のようなので、いまのところこれを建て替えて、新しい国会議事堂を建てようとか、内部を大規模にリフォームしようという話はないようです。だから、なんでもかんでも古くなっているからと言って、必ずしも変えなきゃならないということでもないと思います。古いものでも大切に使っていくということが大事なのではないでしょうか。

◯いまの時代に合わせた「新しい人権」が必要なの？

けん　でも先生、いまの「日本国憲法」は、さすがに69年前に書かれたものだけあって、言葉使いや使っている漢字なんかでも、僕たちにはちょっと難しくて、読みにくいところもあるんですが……。

かわ　たしかにそうですね。憲法の前文にある、「恵沢」とか、「惨禍」っていうような漢字は、いまはほとんど使われていませんし、「やうに」とか「思ふ」なんてところは、もう古文の授業で習う「歴史的仮名遣い」ですよね。それでも、ふりがなを振れば、なんとかいまの中学生でも読んで意味は通じるのではないでしょうか？

けん　他にも、いまの憲法が、古くなって都合が悪くなってきているところってないのですか？

かわ　やはり69年前にできたということで、**その後の時代や社会の変化によって、その当時では予想もしなかったような事態が生じてきている**ということはあると思います。いまの憲法ができた頃は、まだ敗戦直後で、あちこちに焼け跡が残っていたような時代ですが、あれから半世紀以上も経ち、産業も発展し、科学技術も進歩しました。この間、日本の経済も飛躍的に発展、成長しましたが、一方で、**公害問題**をはじめとする様々な**環境汚染**や**環境破壊**が進んできました。

けん　水俣病やイタイイタイ病、四日市ぜんそくなどの四大公害事件ですね。

かわ　また、テレビなどのマスメディアの発達や、コンピュータやインターネットの普及によって、**個人のプライバシー**や**個人情報**などが、他人によって勝手に取得・利用・公開させられたりするということが起きるようになってきています。このようなことは、いまの憲法ができた69年前には想像もつかなかったことかもしれませんね。

けん　僕には、テレビもインターネットもスマホもなかった時代が想像もつきません。

かわ　いまの「日本国憲法」が制定された当時には、このような問題が起きるということは想定されておらず、これらに対応する条文が、いまの憲法にはないのではないかということが言われています。そこで、国が責任を持って、国民が良好な環境の中で生活できるように保障する権利としての**「環境権」**や、他人には知られたくない個人のプライバシーや個人情報を守るための**「プライバシー権」**などを、**「新しい人権」**として、いまの日本国憲法に付け加えようという意見もあるのです。

けん　でも、そのような「環境権」とか「プライバシーの権利」は、いまの憲法には書いてないのに、これまでは、どうやって対応してきたのですか？

かわ　**憲法第13条**には、国民は「個人として尊重」され、「生命、自由及び幸福追求に対する国民の権利」が保障されていますので、「環境権」とか「プライバシーの権利」というような権利も、このような**「幸福追求権」**の中に含まれていると考えられてきたのです。また、**憲法第25条**には**「健康で文化的な最低限度の生活」**が保障されるとなっていますが、この条文の中に「健康な生活を営む、健康な環境で生きる権利」としての「環境権」が含まれているとも考えられているのです。

けん　いまの日本国憲法の条文でも、これまでの時代や社会の変化に対しても様々な解釈や運用によって、なんとかその状況にも対応できていたということなんですね。

◯第9条と自衛隊が矛盾しているから？

けん　先生、時代に合わなくなっているといえば、いまの**自衛隊**も憲法**第9条**に書いてあることと合わなくなってきていると言えませんか？　中学校の時に、憲法第9条には、日本は「戦争」を放棄したことと、「戦力」は保持しないということが明記されていると習いましたが、いまの自衛隊は、どう見たって陸上・海上・航空という、立派な「戦力」を持った軍隊と同じものではないのですか？

かわ　そうですね。いまの憲法が制定された時点では、日本には軍隊のような存在はなく、文字通り「戦力」は持っていなかったのですが、その後、1950年に**警察予備隊**が作られ、1952年には**保安隊**となり、1954年にはこれが**自衛隊**となりました。それから60年以上が経過して、すでに世界有数の軍事力を持つ部隊となっているのは間違いありません。それでも、これまでの日本政府は、**自衛隊は第9条で禁じられている「戦力」ではないという見解**をとってきているのです。

けん　日本の自衛隊の軍事力は、たしか世界で第5位か4位くらいだと聞いたことがあります。そんなに強大な力を持っているのに、どうしてこれが「戦力」ではないのですか？

かわ　これまで日本の政府は、自衛隊は、**「自衛のための必要最小限の実力」**であって、第9条で禁じられている「戦力」には当たらないという見解をとってきているのです。

けん　それって、いったいどういうことなのですか？

かわ　自衛隊というのは、「自衛のため」の部隊、つまり外国の軍隊が、日本の国境を越えて攻め込んできた時に、これと闘って抵抗し、排撃するための部隊なのであって、そのために必要な戦闘能力が「実力」であり、どこかの国に攻め込んで攻撃していくような戦闘能力である「戦力」を持つものではないというのです。

けん　でも、テレビで自衛隊の演習の様子を見たのですが、いまの自衛隊には、立派な戦車も戦闘機もあるし、誰がどう見たって軍隊にしか見えないのではないでしょうか。それに、自衛のための「実力」と言っても、それと外国を攻撃するための「戦力」と、どこがどのように違うのかも、よくわからないのですが。「必要最小限度」って言っていますが、どの程度まで「最小限度」になるのですか？

かわ　あくまでも「自衛のため」と言っているので、最初の頃の自衛隊は、日本の国境を越えて攻め込んでいけるような能力は持つことはなく、その活動範囲は「国内」に限られるとされていたのですが、その後、国連のＰＫＯ活動に自衛隊が参加するなどの**「海外派遣」**が認められるようになり、イラク戦争の時に自衛隊が派遣されるなどで、その限界もあいまいになってきているのは事実ですね。

けん　そして、いま問題になっているのが、自衛隊が海外に出て、アメリカ軍と一緒になって闘うことができるようになるという**「集団的自衛権の行使」**ですよね。でも憲法第９条には、日本はもう戦争はしないって書いてあるのに、これってやっぱり矛盾していませんか？

かわ　そういうことから、この憲法第９条を変えて、自衛隊を、他の国々と同じような軍隊として位置づけて、集団的自衛権も行使できるようにすべきだという意見が昔からあるのですが、一方で、この憲法第９条があるからこそ、戦後から今日に至るまで日本は戦争に巻き込まれることがなかったので、憲法第９条は変える必要はないという意見も根強いのです。

◯占領軍（GHQ）の「押しつけ憲法」だから？

けん　先生、そういえばうちのおじいちゃんが、いまの憲法は、日本が戦争に負けて連合軍に占領されていた時に、当時のGHQが日本に押しつけたものだって言っていたのですが、本当なんですか？

かわ　たしかに、いまの日本国憲法の原案となった改正案は、当時の**GHQ（連合国軍総司令部）**の最高司令官**マッカーサー**の指示を受けた二十数名の民政局のメンバーが中心になって作成したものであることは事実です。

けん　えっ、やっぱりいまの憲法は、日本人が作ったのではないのですか？

かわ　日本が戦争に負けて受諾した**ポツダム宣言**に基づいて、マッカーサーは最初、日本政府に憲法の改正を示唆したのです。けれども、政府がまとめた改正案（松本烝治国務大臣が中心になって作ったので**松本案**と呼ばれています）の内容は、明治憲法とほとんど変わっていなかったので、とてもマッカーサーの満足のいくものではありませんでした。そこで、マッカーサーは、自分の部下であるGHQのメンバーたちに、日本の新しい憲法の原案を急いで作成するように指示をしたのです。

けん　つまり、先生（マッカーサー）から課題のレポート提出を課せられた生徒（日本政府）が、古い憲法の内容をほぼそのままコピペして提出したので、不合格となったわけですね。

かわ　そういうことになりますね。そこで先生であるマッカーサーは、自分の部下たちに世界各国の近代憲法を参考して、模範解答ともいうべき改正原案を考えさせて、それを日本政府に提示したのです。

けん　つまり憲法の「正解」を見せたんだ。

かわ　どうせコピペをするなら、きちんとした近代憲法の模範解答を見て、正しいレポートを書いて提出しなさいということなのです。

けん　結局、日本政府は、そのＧＨＱが作った模範解答（改正草案）をコピペしたのですか？

かわ　じつは、ＧＨＱのメンバーが作った模範解答は、終戦直後に日本国内において民間レベルで研究されていた憲法草案も参考にしていたようですし、当時の幣原首相がマッカーサーに戦争を禁止する条項を入れることを提案したとも言われています。だから、まったくのアメリカ製というわけでもないのです。たしかに、最初に作られた日本国憲法の改正草案は、ほぼＧＨＱ草案の日本語訳（つまりコピペ）でしたが、戦後最初の総選挙によって選ばれた国会議員で構成された帝国議会に提出され、その後、約４ヵ月間にわたる国会審議の中で、いくつかの修正や追加が行われたのでした。

けん　つまり「完コピ（完全に全部コピー）」したわけではないということですね。

かわ　そうです。そして、１９４６年に、この新憲法が制定された時、当時の日本国民の大多数がこの内容を支持し、大歓迎したということ、さらにその後69年間、一字一句変えることなく日本人がこの憲法を受け入れ続けてきたという事実を、しっかりと考える必要があると思います。

誰が憲法を変えたいって言ってるの？

けん　いろんな理由で、いまの憲法を変えたいって言っている人たちがいるのですね。ところで、あんまり僕の周りには、そういうことを言っている人たちは見当たらないのですけど、いったいどのような人たちがいまの憲法を変えようとか、変えたいって言っているのですか？

かわ　そうですね。憲法改正について考える時には、まず**「誰が」**いまの憲法を変えたいと言っているのかと、いまの憲法の**「どこを」**変えたいと言っているのかを、きちんと見ていくことが大事ですね。

けん　やっぱり、いまの総理大臣である安倍首相が一番、憲法を変えたいって言っているのですか。

かわ　もちろんそうですが、安倍首相だけでなく、彼が所属する**自由民主党**という政党は、結党された1955年以来、いまの憲法を改正することを党是としてずっと主張しているのです。

けん　えっ、でも自由民主党は、1955年から、ほぼずっと政権をとってきている政党ですよね。それなのに、この60年間、一度も憲法を変えることができなかったのですか？

かわ　**国会で衆参両議院の総議員の3分の2以上の賛成がないと憲法改正の「発議」ができない**のですが、これまでの選挙で自由民主党だけで衆議院と参議院の両方とも3分の2以上の議席を占めたということがなかったので、それはできなかったのです。

けん　他の政党で、憲法改正に賛成の党はないのですか？

かわ　いまは日本維新の会と日本のこころを大切にする党というところが憲法改正には前向きであると

言われています。

けん　では、それ以外の政党は、憲法改正について、どう言っているのですか？

かわ　いま、自由民主党と一緒に連立政権を組んでいる**公明党**は、いまの憲法の内容を大きく変えることには反対なのですが、「新しい人権」などを時代に合わせて付け加えることには賛成しているので、「**加憲**」の立場だと言っています。

けん　以前に、政権をとっていた民進党（旧・民主党）はどうなんですか？

かわ　**民進党**には、昔から憲法改正に反対してきた日本社会党の流れをくむ議員や、自由民主党から離れて参加した議員などもいて、憲法改正については、なかなか意見がひとつにまとまらないようです。とりあえず、時代の変化に応じて憲法改正についての是非を論議していくということは必要だという意味で、「**論憲**」というようなことを言っていますが、いまの安倍政権の下での改憲には反対だそうです。

けん　いまの憲法を変えなくてもよい、変えたくないという政党もあるのですか？

かわ　かつては日本社会党という政党があって、絶対に憲法は変えないという立場をとっていましたが、現在は**社民党**と**共産党**という政党が、いまの憲法は変えなくともよいという「**護憲**」の立場をとっています。あと、生活の党と山本太郎となかまたちも改憲には反対の立場をとっています。

◯国民はどう思っているの？

けん　先生、国会議員の人たちにも憲法を変えることについては、いろいろな考え方があるということがわかりました。でも、**一般の国民**は、このようないまの憲法を変えることについて、どのように考えているのですか？

かわ　毎年、5月3日の憲法記念日が近くなると、新聞社などのメディアが、憲法を変えることについての**世論調査**を実施しています。今年の調査結果を見てみると、朝日新聞では「改正不要」が55％、「改正必要」が37％、読売新聞では「改正しない方がよい」が50％、「改正する方がよい」が49％、毎日新聞では「改正すべきとは思わない」が42％、「改正すべきだと思う」が42％、ＮＨＫでは「改正は必要でない」が31％、「改正が必要である」が27％というようになっています。

けん　けっこう、それぞれの新聞社やメディアによって調査結果にばらつきがあるのですね。

かわ　そうですね。それぞれ世論調査の方法や対象などが違っていたり、なによりも質問の仕方が違うことによって、その結果が変わってきたりします。それでも、この憲法改正についての世論調査の結果は、ここ数年、だいたい「賛成」と「反対」が、ほぼ同じくらいの比率で、どちらかに大きく偏るということはない状況が続いています。

けん　むかしは違っていたのですか？

かわ　いまから30年前の１９８０年代では、改正反対が改正賛成を上回っていたのですが、１９９０年代後半以降、しだいに賛成が増えてきていました。けれども、ここ数年は再び反対が増えてきて、新聞社によっては反対が多くなるという調査結果が出てきていました。

けん　けっこう、その時々で、国民の意見というのも変わっていくのですね。

かわ　けれども、**憲法第9条**について、これを変えるか変えないかという点についての世論調査の結果を見てみると、毎日新聞では「改正すべきだと思わない」が52％、「改正すべきだと思う」が27％、朝日新聞では「変えない方がよい」が68％、「変えた方がよい」が27％、読売新聞でも「これまで通り解釈や運用で対応する」が38％、「9条を厳格に守り、解釈や運用では対応しない」が23％、「解釈や運用での対応は限界なので改正する」は35％、というような結果が出ているのです。このように第9条については、どの世論調査でも「変えなくてもよい」という意見が多く、このような傾向はここ数年来、しだいに増えてきているという調査結果もあるようです。

けん　ということは、**いまの憲法を変えるか変えないかということについての国民の意見は、ほぼ半々に分かれているように見える**のですが、こと**憲法9条に関しては、まだまだ変えなくともよいという意見の方が多い**ということですね。先生、こうして見ると、「誰が」いまの憲法を変えたいと言っているのかというのは、大多数の国民というよりは、自由民主党などのいくつかの政党の国会議員の人たちだけが強く言っているように見えるのですが。

かわ　そうですね。けれども、憲法というのは、本来、国民のためにあるものなのですから、国民自身が、しっかりといまの憲法について知って、その上で、これを変えるのか変えないのかということを考えていく必要がありますね。

2時間目

憲法って何のためにあるの？

◯えっ？　第96条を先に変えようとしたの？

かわ　憲法改正について考える時に大事なのは、**「誰が」**変えようとしているのかだけでなく、いまの憲法の**「どこを」**変えようとしているのかということなのですが、いまの憲法を改正することに熱心な安倍首相は、２０１２年の首相就任当初、**「まず第96条の改正に取り組む」**って言っていたんです。

けん　えっ？　第９条とかを変えたいんじゃなかったんですか？　なんで、第96条からなんですか？

かわ　もちろん、本音では、第９条を変えたいと思っているのかもしれませんが、この時は、まずは第96条から変えていこうと言っていたのです。

けん　そもそも、第96条ってなんなのですか？

かわ　中学校の時に習いませんでしたか？　**「憲法改正の手続きについて」**の規定で、憲法を改正するためには、まず衆参両議院ともに**総員の３分の２以上の賛成**による国会での発議が必要であり、さらにその後、**国民投票での過半数の賛成**によって承認されなければならないという「きまり」のことです。

けん　ああ、その手続きのことなら中学校で習いました。それが第96条だったのですね。

かわ　この第96条の規定にある、衆参両議院の総員の３分の２以上の賛成によってという発議要件があまりに厳しすぎるというので、憲法を改正して、**総員の過半数（２分の１以上）**というようにハードルを下げようということなのです。

けん　もし、第96条が改正されて、「3分の2以上」が、「2分の1以上」に変わったらどうなるんですか？

かわ　現在の衆議院では、自民党と公明党の与党議員が3分の2以上を占めているのですが、その時は参議院では3分の2以上には達していなかったのです。ですから憲法96条の規定では、与党だけの賛成では両院の3分の2以上の賛成を得ることができず、憲法改正の発議はできなかったのです。しかし、これが「2分の1以上」ということに変わると、現在の自民党議員だけの賛成で、衆議院も参議院も可決することが可能となり、**憲法改正をめざす自民党にとっては、とても改正がしやすくなる**のです。

けん　それでは、まるで、いまやっている試合のルールを、途中から自分たちが勝ちやすく、有利になるように変更しようと言ってるみたいですね。

かわ　そうですね。第96条の改正は、憲法の条文の中身を論議して変えようというものではなく、権力を持っている側の人たちが、自分たちの都合のいいように憲法を変えやすくするための改正であり、「**改憲への裏口入学だ**」という批判もあって、結局、その後、あまり論議されなくなってしまったようです。

◯憲法と法律って、どこが違うの？

けん　先生、たしかふつうの法律は、国会議員の過半数の賛成で可決され、成立しているのに、どうして憲法だけが3分の2以上の賛成がないと国会での発議ができないのですか？

かわ　そうなんです。ふつうの法律は、国会において、衆議院でも参議院でも、出席議員の過半数の賛成があれば可決され、そのまま法律として成立することになるのですが、憲法だけは、衆参両議院の総議員の3分の2以上の賛成がないと発議されず、さらに国民投票で、国民の過半数の賛成がなければ承認されません。そういった意味で、**憲法は、ふつうの法律に比べて、そう簡単に変えることはできない**のです。この日本国憲法のように、そう簡単に変えることができない憲法のことを、「硬い」憲法であるという意味で、**「硬性憲法」**と呼んでいるのですよ。

けん　そうなのですね。僕は、憲法というのも、ふつうの法律と同じように、法律のひとつだと思っていました。

かわ　意外と、憲法と法律の違いについて、わかっていない人が多いようですが、たしかに憲法も、ふつうの法律と同じような法律のひとつではあるのですが、その「レベル」が違うのです。憲法は、**「最高法規」**とも言われているように、ふつうの法律よりは上のレベルにあって、**すべての法律は、けっして憲法に逆らう（違反する）ことはできない**のです。

けん　法律にも、「位」のようなレベルの違いがあるのですね。

かわ　そうです。その国の「きまり（ルール）」の一番上に位置するのが憲法で、その下に国会が作る法律があって、さらにその下に内閣や省が作る命令（政令・省令）や、自治体が作る条例などがあるのです。そして、つねに下位にあるきまりは、上位のきまりに逆らう（違反する）ことはできないのです。その国の「きまり（ルール）」の最も重要な基準となるがゆえに、憲法というものは、そう簡単に変えることができないようになっているのです。

けん　つまり憲法が一番エライ！　ということですね。

かわ　そうなのです。**憲法に違反するような法律や国家の行為は、すべて無効**とされますし、そもそも憲法に違反するような法律は、わが国の国会では作ることはできないのです。

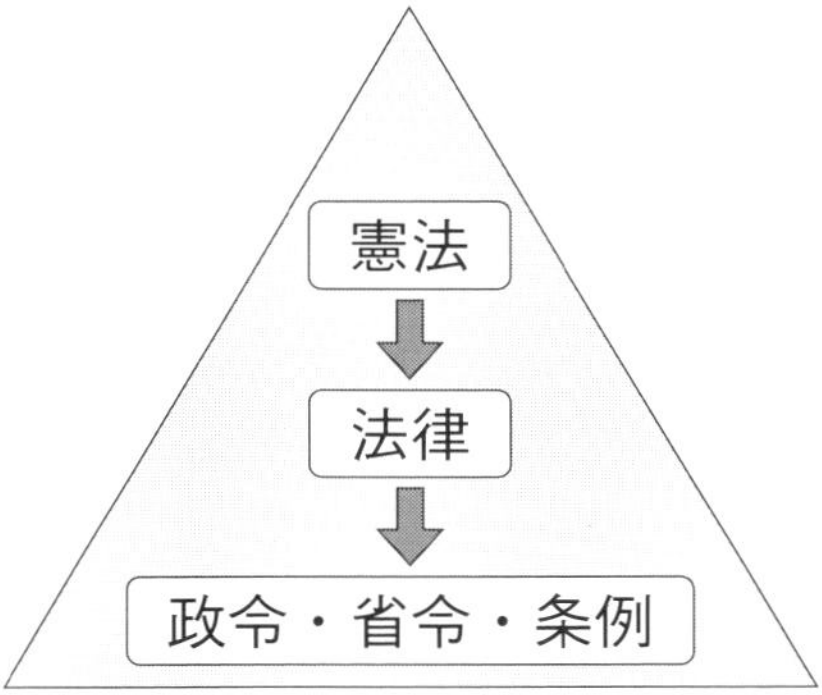

けん　もし憲法に違反するような法律があった場合には、どうなるのですか？

かわ　その場合は、裁判所が**違憲審査権**によって審判を行い、もしも違憲という判決（違憲判決）が下されたなら、その法律は無効となってしまうのです。

けん　そのような判決が下されたことはあるのですか？

かわ　違憲判決は、もう何回も出ていますよ。最近では、国会議員を選ぶ国政選挙における**「一票の格差」**の問題での違憲判決が有名ですね。

◯憲法は、誰が守らなければならないの？

かわ　もうひとつ、憲法とふつうの法律や命令・条令などの「きまり（ルール）」との、決定的な違いがあるのです。ここでひとつ質問をしますが、**憲法は誰が守るものだと思いますか？**

けん　えっ？　憲法って、法律と同じように、その国の国民みんなが守る「きまり（ルール）」だと思うんですが、違うんですか？

かわ　それでは、教科書に載っている**日本国憲法第99条**のところを見てください。そこには、なんて書いてありますか？

けん　ええと、第99条ですね。**「天皇又は摂政及び国務大臣、国会議員、裁判官その他の公務員は、この憲法を尊重し擁護する義務を負ふ。」**って書いてあります。

かわ　そうですね。そこに、「国民」とは書いてないですよね。

けん　あれ、本当だ。「国民」がない！　憲法って、国民は守らなくていいんですか？

かわ　そうなんです。憲法を守らなければならない義務を負っているのは、天皇や国務大臣、国会議員、裁判官などの公務員だけなのですよ。

けん　それじゃあ、公立学校の先生たちも公務員だから、憲法を守らなければならないのですか？

かわ　そうです。先生たちだけでなくすべての公務員は、採用されて任命される時に、必ず「日本国憲法を尊重し擁護します」という宣誓と署名をしなければならないのです。

けん　どうして天皇や国務大臣などや公務員だけが憲法を守らなければならないのですか？

かわ　それは、一般の国民と違って、天皇や国務大臣などや公務員は、国家の権力機構に携わっていたり関わっているからなのです。憲法というものは、そのような**国家の権力機構に携わっていたり関わっている人たちの権力行使を制限したり縛ったりするもの**なのです。それに対して、ふつうの法律や命令・条令などの「きまり（ルール）」は、社会の秩序を維持するために、国民の権利や自由を制限したり縛ったりするものなのです。

けん　へぇ～、そうだったんですか。それじゃあ、僕たち国民は、法律は守らなければならないけど、憲法を守る義務はないということなのですね。

かわ　というか、そもそも憲法と法律は、同じような「きまり（ルール）」ではあっても、誰が誰に守らせるのかという点で、向いているベクトル（方向）が違うということなのです。**法律というものは、国家が国民に対して、社会の秩序を維持するために守らせるもの**であり、**憲法**というものは、**国民が国家に対して、権力行使を制限したり縛ったりするもの**だと言えます。国民の側から、国家に対して、この憲法の「きまり（ルール）」の枠の中で、きちんと国民のために仕事をしなさいという「命令書」、あるいは「禁じ手のマニュアル」のようなものだと言ってもよいでしょう。

憲法は、国民が国家を制限するもの

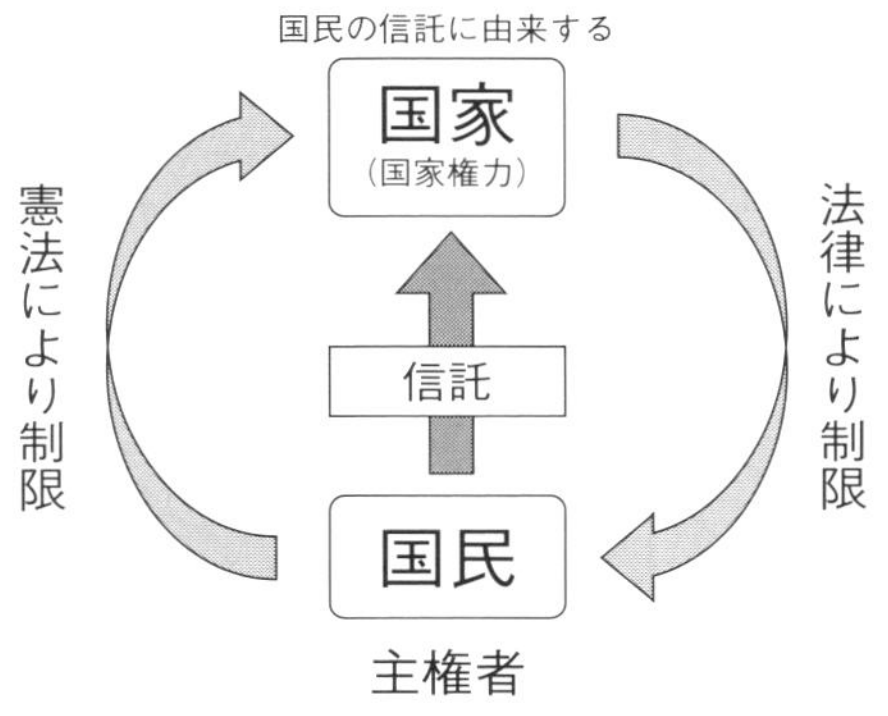

◯なぜ憲法は国家（権力）を縛るの？

けん　でも、どうして憲法は、国家の権力行使を制限したり縛ったりするのですか？

かわ　国家の権力というものは、とても強大で、時に国民の財産や生命を奪うことができたりもするものです。そんな強大な権力を行使できる立場に立った者は、ついついその権力を濫用（乱用）し、暴走してしまい、国民の権利や自由を侵害してしまうことがあると言われています。そのような例は、過去の人類の歴史をさかのぼれば、いくつも見ることができるのです。

けん　第二次世界大戦当時のドイツのヒットラー政権なんかが、そうですよね。

かわ　もっともっと昔の、王様や殿様が、国家権力を握って支配していた時代なんかは、どこの国もそのようなものだったのです。そのような**権力者の思うがままで気ままな権力行使によって行われる支配（人の支配）**では、国民の権利や自由が侵害されてしまう恐れがあるので、国民の権利や自由を保障するためには、すべての人々が従うことができるような**普遍的な「きまり（ルール）」によって権力行使（政治）を行うべきであるというという考え方**が確立されてきたのです。

けん　それ、一年生の「現代社会」の時間に習いましたよ。「**法の支配**」というやつでしょう。

かわ　そうです。この「法の支配」という考え方の原型となったのが、たとえ国王のような権力者といえども侵すことのできない権利があることを定めた、13世紀にイギリスで成立した「**マグナ・カルタ**」という文書なのです。さらに17世紀のイギリスの裁判官エドワード・コーク（クック）は、中世以来の慣習法である**「コモン・ロー」**のような普遍的なルールには、たとえ国王であっても従わなければならないと主張し、このような考え方から「法の支配」という原理が確立したと言われているのです。

けん　でも、当時の王様は、みんなきちんと「法の支配」の原則に従っていたんですか？

かわ　残念ながら、権力を握った者は、必ず権力を濫用（乱用）しようとします。絶対的権力は、絶対に権力を濫用（乱用）するとも言われています。当時、ほとんどの国王は絶対的な権力を持ち、国民はこれに逆らうことはできませんでした。このような絶対王政・絶対君主制の支配に対して市民階級が立ち上がって絶対王政を倒し、みずからが権力を握ったのが**「市民革命」**なのです。

けん　それは中学校の「公民」で習いました。イギリスの**名誉革命**とか**フランス革命**とかですよね。

かわ　そのような「市民革命」を経て、近代民主政治の基本原理である人権保障、国民主権、権力分立などを、きちんと「憲法」というかたちで「きまり（ルール）」として明記し、この「憲法」に従って政治を行うことが一般的になってきたのです。このような**「憲法」という「法」に従って政治を行うべきとする考え方**を**「立憲主義」**というのです。

◯「立憲主義」って何？ 民主主義とはどこが違うの？

けん　その「**立憲主義**」については、中学校では詳しく習いませんでした。民主主義とは違うのですか？

かわ　民主主義というのは、かんたんに言うと、ある集団の中で、その成員みんなで話し合って決めたことには、みんなで従おうという考え方なのですが、その集団の成員の全員の意見がひとつにまとまることはなかなか難しいのです。それは集団が大きくなればなるほど難しくなります。そこで考えられたのが成員の**多数決でものごとを決める**というルールなのですが、必ずしも多数決で決まったことが、本当に正しかったり、成員の人権を保障するとは限らないのです。

けん　でも、学校祭の時に、うちのクラスでTシャツを作るか作らないかを決めるのに、うまくまとまらない時には多数決で決めたりしますよ。

かわ　たとえば、君のクラスの掃除当番をみんなで決める時、今週から毎日、掃除は女子だけでやることにするってことを、多数決で決めていいと思いますか？

けん　うちのクラスは、圧倒的に男子が多いから、すぐに決まっちゃいますね。でも、それだと女子がかんかんに怒りますよ。

かわ　そうなんです。多数決で決められることが、必ずしもクラスみんなの利益を守るとは限らないこともあるのです。そのように、必ずしも民主的な政治体制の下で、多数決によって選ばれた政府が、絶対に人権侵害をしないとは限らないのです。時には、多数を占めている人たちが、少数の人たちの人権を侵害し、苦しめることもあるかもしれません。そこで、個人の人権は、たとえ多数決によっても侵害することができないということを、きちんと憲法というかたちで明記し、その権利を保障することを決めておくということなのです。

けん　つまり、憲法というのは、国民一人ひとりの権利を守るためにあるということですね。

かわ　そのとおりです。ですから、憲法には、まず**どのような国民の権利が守られるべきであるのか**を、きちんと明記してあるのです。そして、そのような国民の権利を守るためには、**国家権力はどのようなことをしてはいけないのか**という権力行使の制限についても、きちんと明記してあるのです。

そして、そのような国民の権利を守るためには、どのような政治を行うべきなのか（行うべきではないのか）を、国家に対して命令（強制）するものが憲法なのです。

けん　だから、**憲法は国家が守るべき「きまり（ルール）」**なのですね。

かわ　そうなのです。まず憲法とは、国民一人ひとりの権利と自由を尊重し、保障するためにあるのだということ。そして、そのためには、憲法には、国家はけっして国民の権利を侵害してはならないということが明記されていて、国家は、国民の権利を保障するために、あくまでもこの憲法に従った政治を行わなければならないというのが「**立憲主義**」なのです。

◯憲法が守っている国民の権利って何？

けん　なるほど。憲法が私たち国民の権利を守るためにあること、そのために国家の権力を縛るものであることはわかりました。では、いったい憲法が守ってくれている私たちの権利って、どのようなものなのですか？

かわ　それが**「基本的人権」**というものなのです。

けん　それは中学校で習いました。日本国憲法の三本柱のひとつですよね。「基本的人権の尊重・国民主権・平和主義」ですね。

かわ　そうです、その三本柱の中で、最も重要なのが**「基本的人権の尊重」**なのです。**憲法第11条**には、「国民は、すべての基本的人権の享有を妨げられない。この憲法が国民に保障する基本的人権は、**侵すことのできない永久の権利として、現在及び将来の国民に与へられる。**」と明記されているように、基本的人権は、すべての国民に保障され、侵すことも奪うこともできない権利なのですよ。

けん　先生、「基本的人権」が大事な権利ということはわかりましたが、そもそも、これってどのような権利なのですか？

かわ　「人は生まれながらにして自由・平等の権利を持っており、それは誰も奪うことはできない」というロックやルソーの**自然権思想**というのは中学校で習ったかな。でも、これだけじゃあ意味がよくわからないですよね。**憲法第13条**には、「**すべて国民は、個人として尊重される。**」と明記されていますが、憲法では、国民の一人ひとりが、かけがえのない生命と身体、個性と人格を持っていて、誰もが同じように一人の個人として尊重されなければならないとされています。この個人の尊重を実現するために、第13条では、続いて「**生命、自由及び幸福追求に対する国民の権利については、公共の福祉に反しない限り、立法その他の国政の上で、最大の尊重を必要とする。**」と明記してあります。つまり、わかりやすく言うと、「国民の一人ひとりがかけがえのない生命と自由を持っていて、自分の人生を大事に生きて、幸せになるために生きていく権利があります」ということなのです。

けん　「みんな、幸せになっていいんだよ！」ということですね。

かわ　一人ひとりが幸せになるために、かけがえのない人生を生きていくために必要な、生命や自由というような権利が、基本的人権の中核であると言えると思います。このような一人ひとりが幸せになるために生きていく権利を保障することが、「**個人の尊重**」ということであり、それを守るために国家があり、それは公共の福祉に反しない限り、国家であっても侵したり奪ったりしてはいけないということなのです。

けん　つまり、憲法が国家に対して守らせなければならないのは、国民一人ひとりを「個人として尊重」し、一人ひとりが自分の人生を大事に生きて、幸福に生きていけるような生命や自由というような「基本的人権」を保障していくということなのですね。

「国家がやってはいけないこと」って何？

かわ　日本国憲法は、その**第10条から第40条までは「基本的人権」についての条文**がずらっと並んでいて、**「人権のカタログ」**と言われることもあるのです。

けん　憲法に、あまりにも「人権」「人権」って書いてあるから、いまの若者たちは「わがまま」になったたって言われてますよね。

かわ　でも、日本国憲法が、国民に「人権」を与えたわけではなく、「人権」というのは、もともとすべての国民が「生まれつき持っているもの」なのです。憲法には、むしろ、この国民が持っている「人権」に対して**「国家がやってはいけないこと」**がたくさん書いてあるのです。

けん　憲法は国家が守るべき「きまり（ルール）」で、国民が国家に命じるものでしたね。

かわ　ですから、第10条から第40条までの「基本的人権」の条文には、「〜してはならない」「〜させられない」「〜できない」「〜を認めない」「侵してはならない」「強制されない」というような禁止や制限の表現が多く、まさに「国家がやってはいけないことのカタログ」でもあるのです。

けん　いったい国家は、どんなことをやってはいけないのですか？

かわ　まず、国家がやってはいけないのは、憲法第19条に書いてあるように**「思想及び良心の自由**は、これを侵してはならない。」ということです。

けん　僕は哲学者ではないので、そんな立派な「思想」なんて持っていませんよ。

かわ　ここで言っている「思想・良心の自由」というのは、「頭の中で、どのようなことを考えてもよい」という意味での「自由」なのです。

けん　でも、「頭の中で、どのようなことを考えているか」なんて、そもそも他人からはわからないのではないですか？

かわ　そうですね。だから、「思想・良心の自由」は、同時に、その「頭の中で考えていることを外に表明・表現する自由」も含まれていなければならないのです。どのような宗教を信じているかという**「信教の自由」**、考えていることを発言したり文字に書いたり、同じ考えの者どうしで集まったり、グループを作ったりする**「集会、結社、表現の自由」**、好きなことを勉強したり学んだりする**「学問の自由」**も、同時に保障されなければならないのです。

けん　だからといって、何を言ってもいい、何をやってもいい、ということではないですよね。

かわ　そうです。ある人の人権行使が、時に、他の人の人権と衝突・侵害する場合もあります。基本的には、そのようなことで**他の人の「生命、自由及び幸福追求の権利」を侵害することは許されない**のです。そのような場合には、人権と人権を調整する必要があります。それがいまの憲法で言うところの、**「公共の福祉」**による人権の調整であると言えるでしょう。

◯「国家がやらなければならないこと」もあるの？

かわ　憲法には、私たち国民の権利を守るために「国家がやってはいけないこと」が書いてあるとともに、**「国家がやらなければならないこと」**も書いてあるのです。

けん　えっ？　憲法って、国民が国家に対して権力行使を制限したり縛ったりするものじゃあなかったんですか？　国民のために、国家がやってくれることもあるのですか？

かわ　かつては国民の権利を守るために、国家はできるだけ余計なことはしないで、国内の犯罪と外国からの侵略を防ぐだけを国家の役割とする**「夜警国家」**という考え方がありました。

けん　つまり、国家は「ザ・ガードマン」だということですね。

かわ　それ、かなり古いドラマなんだけど、なんで知ってるの？

けん　おじいちゃんが、昔テレビで見ていたと言ってました。

かわ　そうなんだ。話を戻すけど、20世紀に入って、資本主義経済が発達してくると、恐慌や不景気などによって倒産や失業が増え、そのままほうっておくと貧富の差が拡大していき、国民が人間らしく幸福に生きていく権利が失われていくような事態が深刻になっていったのです。そこで、今度は、国民が人間らしい生活ができるような権利を保障するために、積極的に「国家がやらなければいけないこと」があるのだという**「福祉国家」**という考え方が出てきたのです。

けん　それも中学校で習いました。ドイツの**ワイマール憲法**が規定した**「社会権」**ですよね。

かわ　いまの**憲法第25条1項**には、「すべて国民は、健康で文化的な最低限度の生活を営む権利を有する。」と定められており、このような権利を**「生存権」**と呼んでいます。さらに、国に対して、すべての国民が人間らしい生活ができるような社会保障政策に取り組まなければならないことが義務づけられているのです。

けん　つまり、国民が「健康で文化的な最低限度の生活」ができるように保障することを、「国家がやらなければいけない」のですね。これって、**「生活保護」**のことですか？

かわ　もちろん「生活保護」もそうですが、**障害者や高齢者への社会福祉政策、健康保険や年金制度などの社会保障政策、食品衛生や公衆衛生、環境保全などの施策**も、国民が人間らしい生活ができるために「国家がやらなければならないこと」なのですよ。ちなみに、この憲法第25条1項というのは、憲法制定当時の「マッカーサー草案」にはなかったのでしたが、衆議院の審議において日本社会党の提案によって追加されたものなのです。

けん　えっ？　いまの憲法って、ＧＨＱが作った「マッカーサー草案」を丸写しした「コピペ憲法」じゃなかったのですか？

かわ　基本的には、「マッカーサー草案」に基づいているところが大部分なのですが、制定当時の国会論議の中で、日本の国会議員によって修正されたり追加された部分がいくつもあるのです。この「生存権」の規定もそのひとつなのですよ。

◯憲法は、国民が国家に「押しつける」ものなの？

けん　先生、ようやく少しずつ憲法が何のためにあるのか、何が書いてあるのかがわかってきましたが、結局、憲法って何なんですか？

かわ　（ガク！）あのね、いままでの私の話をちゃんと聞いていたのですか？

けん　いちおう、ちゃんと聞いてましたが、もうちょっと簡単にひと言で、わかりやすく教えてください。

かわ　これでも、かなりわかりやすくお話ししてきたつもりなのですが……そうですね、本当に簡単にひとことで言うと、**憲法というのは、「国民の権利を守るために、国家がやってはいけないことと、やるべきことが書いてあるもの」**なのです。

けん　そうなんですね。これまで、憲法って、大事な国の「きまり」だけど、難しいことばかり書いてあって、自分には関係のないことばかり書いてあると思っていました。けれども、憲法っていうのは、**私たち国民の権利を守るための大事な「きまり」**なんですね。でも、先生、いまの日本では、本当に憲法によって国民の権利はしっかりと守られているのですか？

かわ　なかなか鋭いところをついてきましたね。たしかに、いまの日本では、いまの憲法に書かれていることがきちんと守られているのか、憲法に書かれている権利が保障されているのか、というと、必ずしもそうでないところもあると思います。けれども、いまの**憲法第12条**には、「**この憲法が国**

民に保障する自由及び権利は、国民の不断の努力によって、これを保持しなければならない。」と書いてあるように、私たちが黙っていても憲法や国が保障してくれるわけではなく、私たち国民の**「不断の努力」**によって、国民の権利を守るために、国に対して「やってはいけないこと」と「やるべきこと」をきちんと「押しつけて」いかなければならないのだと思います。

けん　つまり、憲法というのは、**国民が国家に対して「押しつける」もの**なのですね。

かわ　そうなのです。憲法というのは基本的にすべて、国家に対しての「押しつけ憲法」なのです。いまの憲法が制定された時に、ＧＨＱから「マッカーサー草案」が「押しつけられた」と言われていますが、それは、当時の国家の権力を握っていた人たちに対して「押しつけた」のであって、日本国民全体に「押しつけられた」ものではなかったのです。だからこそ、いまの憲法が公布された時、国民の大多数がこれを支持し、その制定を喜んだのだと思います。

けん　でも、いまの憲法は「押しつけ憲法」だから変えた方がよいと言っている人もいますよ。

かわ　おそらく、どのような憲法であっても、「押しつけられる」国家の側にしてみれば、それは無制限な国家権力の行使にとって、「うるさく」て「じゃまなもの」だと感じられるのだと思います。「押しつけ憲法」だからダメ！　という意見には、**「誰が誰に対して押しつけたのか」「どのようなことを押しつけたのか」**という点を、きちんと見ていかなければならないと思います。

3時間目

憲法を変えるって、どうやるの？

◯69年間、一度も憲法は変わらなかったの？

けん　先生、**いまの日本国憲法は、制定されてから69年間、一度も変えられたことはない**のですよね？

かわ　そうです。69年間、一字一句変えられることなく、今日に至っているのです。

けん　どうして69年間もの間、一度も憲法は変えられることはなかったのですか？

かわ　2時間目の授業でもお話ししましたが、いまの日本国憲法は、そう簡単には変えることのできない**「硬性憲法」**だからということがあります。

けん　日本の憲法は「硬い」のですよね。覚えていますよ、第96条。憲法を改正するためには、まず衆参両議院ともに総員の3分の2以上の賛成による国会での発議が必要で、さらにその後、国民投票で過半数の賛成によって承認されなければならないのですよね。

かわ　その、「総員の3分の2以上の賛成による国会での発議」というのは、とてもハードルが高かったのです。憲法改正をめざすことを結党以来の党是としている自由民主党は、国政選挙において、何度もこのハードルに挑戦したのですが、これまで自民党単独では衆議院・参議院の両方で3分の2以上の議席を占めたことはありませんでした。

けん　でも自由民主党は、戦後長い間ずっと政権を担当していた政党ですよね。どうしてこの間に憲法改正のために議席を増やして、なんとしてでも憲法を変えようということにならなかったのですか？

かわ　それは、やはりこの69年間、国民の多数が、積極的にいまの憲法を変えようというようにはならなかったからではないでしょうか。69年前に、この日本国憲法が公布・施行された時、当時の国民の80％以上が、この新憲法の制定と内容を大歓迎し、支持したと言われています。以来、69年間、いまの憲法のいろいろな点が問題とされながらも、多くの国民が、いまの憲法のままでよいと思ってきたからではないでしょうか。

けん　やっぱり日本の憲法は「硬い」のですね。日本以外の国の憲法も「硬い」のですか？

かわ　**アメリカ合衆国**では憲法改正の発議には、**両議院の３分の２以上の賛成と、州議会の４分の３以上の承認が必要**だということです。**ドイツ**でも、**両議院の３分の２以上の賛成が必要**です。

けん　どちらの国の憲法も、けっこう「硬い」のですね。憲法を変えたことはないのですか？

かわ　ドイツでは59回も憲法を変えたと言われています。

けん　えっ！　意外と「軟らかい」のではないですか？

かわ　ドイツは、日本のような国民投票による承認が必要ないということがあります。また、ドイツの場合は、「憲法」という名称ではなく、「基本法」と呼ばれており、人権や国民主権などの根幹部分については改正が禁じられているので、単純に回数だけを比較して「軟らかい」と言うことはできないと思います。

◯憲法を変えるための「法律」って、いつできたの？

けん　でも先生、自由民主党だけでなく、他の政党や議員も憲法改正に賛成して、その総数が3分の2以上になれば憲法改正の発議ができるのですよね。この間の参議院議員選挙で自民党と公明党の与党議員と憲法改正に賛成する政党や議員の数を足すと3分の2以上になると言われていますが、今度からは憲法を変えやすくなるのですか？

かわ　すぐに憲法を変えようという話になるかどうかわかりませんが、これから、国会での論議に向けて動き出すと思います。

けん　でも、もし国会で憲法改正の発議がなされたとしても、日本では、その後に**国民投票**を実施しなければならないのですよね。

かわ　そうです。憲法改正の国民投票については、その手続きを定めた法律である「**日本国憲法の改正手続きに関する法律**」が、２００７年に国会で成立し、２０１０年から施行されています。

けん　えっ！　２０１０年って、ついこの間じゃないですか。それまで憲法改正の手続きに関する法律ってなかったのですか？

かわ　そうなのです。戦後、60年以上の間、論議があっても作られることのなかった憲法改正の手続きに関する法律は、２００６年の第一次安倍内閣ができた後に、安倍首相の強い後押しによって成立したと言われています。

けん　へぇー、安倍首相という人は、本当に「憲法を変えたい」という気持ちの強い人なんですね。たしか、安倍首相のおじいちゃんも、憲法を変えたいと思っていたんですよね。

かわ　安倍首相の祖父である**岸信介**氏も、かつて自由民主党の党首で首相にもなった人ですが、1955年に当時の自由党と民主党が「自主憲法制定」を掲げて自由民主党を創った一人でもあり、1954年に「日本国憲法改正案要綱」をまとめた自由党憲法調査会の会長でもあった人です。

けん　しっかりと「憲法を変えたい」という強い思いのＤＮＡは、受け継がれているのですね。

かわ　いまの憲法が制定された5年後の1952年に、日本で最初の「国民投票法案」が検討されたのですが、あちこちから異論が出たので、最終的に閣議決定が見送られたということがありました。以来、50年以上、憲法改正を党是として主張する自由民主党が政権を担ってきた間も、何度か「国民投票法」については話題になることはあっても、国会で正式に論議・検討されることはなく、ようやく2004年になって、自民党と公明党による「国民投票法等に関する与党協議会」が発足し、翌年、「日本国憲法に関する調査特別委員会」が衆議院に設置されて具体的な検討の動きが始まったのでした。

けん　ということは、50年間以上、いまの憲法は変えようと思っても、変えるための「国民投票」の手続きが、きちんと決まっていなかったのですね。

かわ　そうなんです。そのことを、国会の怠慢であったとか、国会の立法義務に違反する「立法の不作為」だという批判もあったのですが、逆に言うと、50年以上もの間、国民の側から、どうしてもいまの憲法を変えなければならないという、多くの声や強い要求が上がらなかったからとも言えるかもしれません。

◯「国民投票法」って、どんな法律なの？

けん　その、憲法を変える手続きを定めた法律の**「日本国憲法の改正手続きに関する法律（以下国民投票法）」**は、２００７年に国会で成立して、２０１０年から施行されているのですね。ということは、もう、いつでも憲法を変える「国民投票」が実施できるようになっているということですね。

かわ　そういうことなのですが、実際にこの法律の手続きに基づいて「国民投票」を実施することは、そう簡単なことではないのです。まず、憲法を変えようという場合には、憲法改正原案を作る必要があります。その**憲法改正原案は、衆議院は１００人以上、参議院では50人以上の議員の賛成があれば国会に提出できる**ことになっています。その原案が国会に提出され、衆議院・参議院の総員の３分の２以上の賛成で議決されれば、憲法改正の発議となり、これでいよいよ「国民投票」が実施されることになるのです。

けん　国会で憲法改正が発議されたら、すぐに「国民投票」が行われるのですか？

かわ　**発議されてから60日以上１８０日以内の期間において、国会の議決した期日に憲法改正の「国民投票」が行われる**ことになっています。その投票日までの間が、実質的な国民投票運動期間ということになります。

けん　普通の選挙だったら、いろんな政党からの立候補者がいて、ポスターが貼られたり、選挙カーに乗って街中を回って宣伝したりするのですが、憲法改正の国民投票では、どのような選挙運動が行われるのですか？

かわ　おそらく、国会で発議された憲法改正原案について、「賛成」するのか「反対」するのかということが争点になって、それぞれの立場の政党や団体が、国民に直接訴えるというような選挙運動になると思います。そのために、**ポスターを貼ったり、選挙カーで宣伝することも自由にできる**ようです。

けん　新聞やテレビ・ラジオなどに広告を出したりすることも自由にできるのですか？

かわ　原則的に、自由にできます。けれども、**投票日前14日にあたる日から、投票日までの間は、国民投票のためのテレビ・ラジオの広告放送は制限**されています。

けん　えっ？　投票日前の2週間って、いちばん国民の関心を盛り上げていかなければならない時期ではないのですか？　どうして、その期間はだめなのですか？

かわ　「賛成」派、「反対」派、いずれの政党・団体でも、お金のある方が、金に糸目をつけずにどんどんスポットＣＭを流すことによって、扇情的に国民の感覚に訴え、国民の世論を特定の方向に誘導していくことで、国民がきちんとした判断ができなくなっては困るからだそうです。

けん　でも、２週間前であるならば、どんどんスポットＣＭを流してもいいんですよね。それならば、やはりお金のある政党や団体の方が、絶対に有利になりますよね。

かわ　お金のあるなしで国民投票運動が不公平にならないように、「**国民投票広報協議会**」というところでは、**「賛成」「反対」どちらの意見であっても、無料で、テレビ・ラジオを使っての意見広告を出してくれる**ことになっているようです。

けん　でも、やっぱり広告に左右されるのではなくて、自分で考えて判断することが大事ですね。

◯「国民投票」では、どうやって投票するの？

けん　普通の選挙だったら、投票日に投票所に行って、立候補している人の名前だとか、政党名だとかを書いて投票するのだと思うのですが、憲法改正の「国民投票」の時には、どうするのですか？「憲法改正に賛成」とか、「憲法改正に反対」とか書くのですか？

かわ　憲法改正の「国民投票」も、普通の選挙の場合と同じように、決められた投票日に、指定された投票所に行って投票します。普通の選挙と同じように、期日前投票や不在者投票も認められています。投票は、**あらかじめ投票用紙に印刷された「賛成」「反対」のいずれかを◯で囲む**といった記号式で行うそうです。

けん　憲法改正する部分が、ひとつしかないのであれば、それでいいと思うのですが、改正点がいくつもあって、ここは変えてもいいけど、これは変えてはだめというような場合はどうすればいいのですか？

かわ　いいところに気がつきましたね。憲法改正原案の発議に当たっては、内容において関連する事項ごとに区別して行うものとされ、国会がいくつもの事項について、それぞれの改正の発議を行った場合には、それぞれの事項についての投票が行われることになります。

けん　一枚の投票用紙に、いくつも「賛成」「反対」の◯をつけるのですか？

かわ　投票用紙も、それぞれの事項ごとに別々になり、投票の流れとしては、**個別の改正案ごとに投票**

用紙を受け取り、そこのブースで記入をして投票箱に投函し、その後、次のブースに移って、そこで次の改正案についての投票をするという方法が想定されているようです。

けん　それじゃあ、一度に、改正点が三つも四つもあったら、大変なことになりますね。

かわ　いままでの選挙でも、選挙区の投票と比例代表の投票があったり、国政選挙と地方選挙を同時に行ったりした時には、一度に何枚もの投票用紙を記入するということはありましたよ。

けん　普通の選挙では、名前や政党名以外のことを書いたら無効になるのでしたよね。「国民投票」では、○以外を書いたら無効になるのですか？

かわ　原則的に○以外を書いた場合は無効ですが、「賛成」「反対」のいずれかの文字を、×の記号、二重線その他の記号によって抹消した投票は、抹消されていない側への投票として、それぞれ有効となるようです。

けん　「賛成」にも「反対」にも、○も何も書いていないで投票してあったらどうなるのですか？

かわ　その場合には、「白票」として、無効票という扱いになり、有効投票数にはカウントされないことになるそうです。

○　注《ちゅう》意《い》

一　憲法改正案《けんぽうかいせいあん》に賛成《さんせい》するときは、次《つぎ》の欄内《らんない》の賛成《さんせい》の文字《もじ》を○の記号《きごう》で囲《かこ》むこと。

二　憲法改正案《けんぽうかいせいあん》に反対《はんたい》するときは、次《つぎ》の欄内《らんない》の反対《はんたい》の文字《もじ》を○の記号《きごう》で囲《かこ》むこと。

三　○の記号以外《きごういがい》は何《なに》も書《か》かないこと。

記《き》載《さい》欄《らん》	
賛《さん》成《せい》	反《はん》対《たい》

◯国民の「過半数の賛成」がなくとも承認されるの？

けん　憲法第96条では、憲法改正は、最終的に国民の「過半数の賛成」で承認されるとなっているのですよね。さすが、「硬性憲法」だけあって、これって、けっこうハードルが高くないですか？

かわ　ところがですね、憲法第96条には「国民の過半数」ではなく、**「国民投票において過半数」**と書いてあるのです。この「過半数」の分母については、「有効投票数」、「投票総数」、「有権者数」という三つの解釈があるのですが、「国民投票法」では、一番目の**「有効投票数」を分母とする**としています。つまり、「国民」の中でも「国民投票」の投票権のある者のうち、実際に「国民投票」に行って投票した人の総数から、無効票を除いた「有効投票数」を分母として、その「過半数」で成立するとしたのです。

けん　えっ、それってけっこうハードルが低くなるのではないですか？

かわ　そのとおりです。最近の国政選挙の投票率は50％をようやく超える程度で、地方選挙になると50％を割っている所も少なくありません。もし、憲法改正の「国民投票」が実施されて、その投票率が50％くらいにしかならないとしたら、その半分、つまり**有権者の25％程度の賛成があれば「過半数」を超えたとして承認されてしまう**のです。

けん　つまり有権者の四人に一人しか「賛成」していなくとも、承認されて、憲法が変わってしまうのですね。もしも、「国民投票」の投票率が20％しかなければ、有権者の10％、つまり十人に一人しか「賛成」していなくとも承認されてしまうということなのですか？　そのような低い投票率の「国民投票」では、いくら「過半数の賛成」があったから承認すると言われても、国民の多くは納得できないのではないですか？

かわ　「国民投票法」には、これ以下の投票率になると成立しないという**「最低投票率」は設けられていない**ので、場合によっては、そのようなこともありえるかもしれません。

けん　どうして、「最低投票率」は設けられていないのですか？

かわ　国民的な関心が高い改正項目なら投票率が上がるかもしれませんが、逆に国民的な関心が低い改正項目の場合に投票率が低くなると改正が不可能となる可能性があることや、憲法の改正に反対する側が、成立そのものを阻止するために、組織的に投票を棄権する運動（ボイコット運動）を展開することで、民意が歪められる可能性があることが、「最低投票率」を設けない理由とされています。

けん　でも、「最低投票率」が設けられていないということは、逆に、憲法の改正に賛成する側としては、できるだけ有権者が憲法改正の「国民投票」に関心を持たずに、投票所に行かないでくれた方が、自分たちに有利になるのではないでしょうか。

かわ　やはり、憲法を変えるか変えないかという、国の重要な問題についての「国民投票」には、すべて国民がきちんと関心を持って、しっかりと投票所に行って投票するということが、とても重要になってくるのですね。

◯「三つの宿題」はちゃんと終わっているの？

かわ　「国民投票法」を２００７年に国会で成立させるにあたって、じつはきちんと**決着がつかなかった「三つの課題」**が、付則として明記されているのです。

けん　つまり、「宿題」として残されたということですね。それは、どんな「宿題」だったのですか？

かわ　一つ目の「宿題」は、**「国民投票」の対象を「憲法改正」以外のテーマ、たとえば「原発」とか「在日米軍基地」というような国民の意見が分かれるような問題にも広げるかどうか**というものです。

けん　それは、いいんじゃないですか。外国では、「原発」についての「国民投票」を実施して、「廃止」を決めたという国があるって、聞いたことがありますよ。

かわ　日本でも、自治体レベルでは、いろいろな問題（テーマ）について「住民投票」を実施したところもありますね。でも、これを国レベルで実施することには慎重論も多くて、この課題はいまだに決着がついておらず、先送りされたままです。

けん　つまり、まだ「宿題」が終わっていないということですね。

かわ　二つ目の「宿題」は**「公務員」の政治的行為、政治活動への制限のあり方**についてです。

けん　えっ？「公務員」は、憲法改正についての投票運動をやってはいけないのですか？

かわ　２００７年に成立した「国民投票法」では、**国や地方公務員についいは、その地位にあるために国**

民投票運動を効果的に行い得るような影響力または便益を利用して、国民投票運動を行うことは禁止されていました。また、**「教育者」についても、学校の児童、生徒や学生に対する影響力又は便益を利用して、国民投票運動を行うことが禁止**されているのです。

けん　では、学校の先生は「公務員」であり「教育者」でもあるのですから、完璧に国民投票運動をやってはいけない立場になるのですか？

かわ　そこが微妙なところで、「公務員」であっても「教育者」であっても、国民投票運動や憲法改正についての意見を表明することは、いまの憲法の「思想・良心の自由」や「表現の自由」から言っても認められるものだと思います。問題となっているのは、**「その地位や影響力を利用して勧誘する」というようなことが禁止の対象になる**ということです。

けん　つまり、憲法改正案に、賛成もしくは、反対しないと、進級させないぞ！　とか、単位をやらないぞ！　という「脅し」をかけたらダメということですね。

かわ　結局、「公務員」の政治的行為の制限については、**裁判官や警察官など一部を除いて、公務員が憲法改正の賛否を表明することは認められる**ことになりました。

三つ目の「宿題」は、「国民投票」ができる年齢を18歳とすることに併せて、**公職選挙法の選挙年齢や成人年齢を18歳に引き下げるかどうか**という問題です。

けん　憲法改正の国民投票の年齢は、もう18歳に引き下げられたので僕ももう投票できるのですよね。

かわ　じつは、まだなのです。昨年の国民投票法改正の時に、**「施行から４年後に18歳以上」**とすることが決められましたので、**２０１８年の６月20日までは満20歳以上でないと投票できない**のです。

けん　なんだ、２年後なら、僕はもう20歳になっていますね。

かわ　昨年の国会で国政選挙などの選挙権については、18歳からとすることが決まりましたが、**「成人年齢」を18歳に引き下げることについては反対する意見もあり、論議は先送り**になりました。

けん　でも先生、国政選挙の選挙権年齢と国民投票の投票年齢は18歳以上となったのですが、なぜ「成人年齢」の方は18歳に引き下げられないのですか？

かわ　すでに世界の八割以上の国々では、選挙権年齢は「18歳以上」であり、そして、そのほとんどの国では「18歳以上」が「成人年齢」にもなっているのです。

けん　それならば、日本も、これを機会に、「成人年齢」も18歳以上にすればよいのではないですか？

かわ　それが、そう簡単ではないのです。いちおう「成人年齢」は民法で定められているのですが、年齢条項を設けている法律は２００本以上もあり、現在は「20歳未満」となっている「少年法」による保護の問題や、飲酒や喫煙、消費者契約、馬券購入などにも関係しますので、それらひとつひとつを検討し、変えていくことはかなり大変なことのようなのです。

けん　そうなんですか。まぁ、18歳になって、いきなり「君はもう大人（成人）だ！」と言われても、自分自身まったく、その自覚も自信も持てないのですが……。

かわ　それでも、もう今年から君たちは「主権者」となって投票することができるようになったのですから、しっかりと「政治」や「憲法」についても勉強して、これからも日本の未来のことを考えて１票を投じてください。

4時間目

解釈で憲法を変えられるの？

◯カイシャクカイケンって何？

けん　先生、昨年の国会で **「安保関連法」** が可決されて、日本が戦争できる国になったって聞いたのですが、本当ですか？　それって憲法を改正したということになるのですか？

かわ　たしかに、昨年9月に可決された「安保関連法」によって、**「集団的自衛権の行使」** が限定的に認められたことによって、日本が他国の戦争に関わる可能性が高くなりました。しかし、それは憲法を改正したというのではなく、**「解釈改憲」** だと言われています。

けん　その「カイシャクカイケン」って何なんですか？

かわ　憲法改正によって、憲法の条文を変えたり、追加するのではなく、**現在の憲法の条文はそのままにして、その条文の解釈を変えることによって、実質的に憲法改正を行ったのと同じような効果をもたらす状態にすること**です。

けん　そんなことってできるのですか？　それができるのだったら、わざわざ、めんどくさい「国会での発議」や「国民投票」なんてしなくたっていいですよね。

かわ　そのとおりです。憲法を改正するということは、とても高いハードルをいくつも越えなければならないので、安倍首相は、第96条を改正して、このハードルを下げようとしたのですが、これが「裏口入学だ！」と批判されたために難しくなり、「国民投票」の実施についても、まだまだ時間がかかりそうなので、そこで手っ取り早く憲法条文の解釈を変えるという「手法」を考えたようなのです。

けん　具体的には、いまの憲法のどの条文の解釈を変えるのですか？

かわ　憲法第９条についての解釈です。**これまでわが国の政府は「集団的自衛権の行使」については、憲法第９条では認められないとしてきましたが、これを、これまでの解釈を変更することによって容認し、その行使を可能にしたということ**なのです。

けん　「集団的自衛権」というのは、僕も知っていますよ。自分の国が攻撃されていなくても、仲のよい同盟国が攻撃された場合、一緒になって攻撃してきた相手の国を攻撃することができるという権利ですよね。でも、仲のよい友達が誰かに殴られているとしたら、友達だったら当然助けに行って、殴っている相手をやっつけるということはあるんじゃないですか。どうして、それが憲法第９条では、許されないのですか？

かわ　１時間目の授業の時にもちょっと説明しましたが、そもそも**「自衛隊」**という存在自体が、憲法第９条で禁止されている「戦力」にあたり、違反しているのではないかと言われてきました。しかし、歴代政府は、自衛隊は**「自衛のための必要最小限の実力」**であり、「戦力」ではなく、憲法第９条には違反しておらず合憲であるという「解釈」をしてきたのです。その理由として、①自衛隊は、自国がどこかの国から攻撃された時にのみ、自衛のための反撃をするだけの部隊であるということ、したがって②自衛隊は、国境を越えて他の国の領域で武力行使をすることはできないということから、**自衛のための武力行使である「個別的自衛権」の行使は認められるが、他国の戦争や武力攻撃に参加することになる「集団的自衛権」の行使は認められない**としてきたのです。

けん　そのような歴代政府の「解釈」を変更したということなのですね。

◯自衛隊が海外に出ても大丈夫なの？

けん　でも先生、自衛隊は、これまでにもう何度も国境を越えて海外のいろんな国で活動しているのではないのですか？　これって、憲法違反にはならないのですか？

かわ　じつは、**自衛隊の設立当初は、自衛隊が国境を越えることは憲法第9条に違反するという「解釈」だった**のです。実際、ベトナム戦争の時、同盟国であるアメリカ合衆国から、日本の自衛隊の参戦も求められたようなのですが、憲法第9条の規定から、これを断ったという話もあります。また、湾岸戦争の時にも、アメリカ合衆国を中心とする多国籍軍への参加を求められましたが、これも断り、その代わりに多額の戦費を負担したというのは有名な話です。

けん　へぇ〜、日本っていう国は、アメリカの言うことならなんでも従うと思っていましたが、断ってきたこともあるのですね。

かわ　けれども、結局、**アフガニスタン戦争の時にはインド洋に海上自衛隊を派遣**し、**イラク戦争の時にはイラクに陸上自衛隊と航空自衛隊を派遣することになる**のです。また、1992年からは、**国連のPKO（平和維持活動）**にも、自衛隊が参加するようになりました。

けん　それは、自衛隊は国境を越えて海外で活動しても、憲法上は許されるというように「解釈」を変えたのですか？

かわ　たとえ自衛隊が海外に出たとしても、**その活動内容は、あくまでも武力行使を目的としない医**

療・輸送・環境保全などの人的協力にとどめるべきであり、その活動地域も戦闘行為が行われていない「非戦闘地域」に限られるとして、その範囲であるならばこれまで通り憲法第9条には違反しないという「解釈」をしたのです。

けん　う～ん、僕から見ても、かなり苦しい「解釈」のように思えるのですが。

かわ　**アフガニスタン戦争の時には、インド洋で、日本の自衛隊の巡洋艦がアメリカ軍の艦船に給油活動を行い、イラク戦争の時には、陸上自衛隊がイラクのサマワという都市に駐屯し、施設復旧、医療指導、給水などの活動を行った**のでしたが、いずれの場合においても、自衛隊が戦闘行為を行ったり、巻き込まれたりすることはなく、戦死者は一人も出なかったのでした。

けん　それは、よかったですね。やはり、自衛隊は危ない所には近づかなかったからですか？

かわ　自衛隊にとっては、やはり海外での戦地での活動には、私たちには想像がつかないくらいの極度の緊張状態におかれ、とても厳しく過酷な任務であったと思います。そのせいかどうかはわかりませんが、これらの任務から帰国した後に自殺した自衛隊員の方も少なからずいたそうです。

けん　そんなに危険で過酷な任務も、やはり「自衛のための活動」だから「合憲」と言えるのですか？

かわ　じつは、イラク戦争における自衛隊の派遣が憲法違反ではないかということが争われた「**自衛隊イラク派遣差し止めなどを求める集団訴訟**」という裁判があるのですが、その控訴審判決の中で、名古屋高裁は、航空自衛隊が首都バグダッドに多国籍軍を空輸していることについて〝戦闘地域での活動〟とし、他国による武力行使と一体化した行動であり、武力行使を禁じたイラク特措法に違反し、日本国憲法第9条に違反する活動を含んでいるとの判断が示されているのです。

◯集団的自衛権の行使は憲法で許されるの？

けん　先生、結局、「集団的自衛権の行使」というのは、自国が攻められていないのに、同盟国が攻められた時、それを助けるために攻めにいくわけですから、国境を越えて武力行使をすることになるのですよね。それって、やっぱり憲法第9条に違反しているように思えるんですけど。

かわ　これまでの政府解釈では、**「集団的自衛権」**については、**国連憲章の51条**に明記されているように、すべての国においてそれを持つことは保障されているとしていますが、我が国は憲法第9条で平和主義を明記しており、自衛隊についても**「専守防衛」**の組織であるので、海外で武力行使をすることになる「集団的自衛権」の行使については憲法上許されないとしてきたのです。つまり、「集団的自衛権」は、**「持っているけど、使えない」**とされてきたのです。

けん　それを今度は、「集団的自衛権」を**「持っているから、使える」**ようにしたということですね。

かわ　そのとおりです。けれども、それは本来ならば、いまの憲法の第9条をきちんと「改正」してからでなければ認められないとされてきたことなのですが、それをいまの政府の「解釈」の変更だけで認めてしまおうということなのです。

けん　どうして、これまで憲法上許されないとされたことが、「解釈」の変更だけで認められてしまうのですか？

かわ　そこが一番重要なポイントなのです。2014年の7月1日の閣議決定を受けた安倍首相の記者会見では、「現行の憲法解釈の基本的な考え方は何ら変わらない」としながらも、**「我が国と密接な関係にある他国への武力攻撃によって、我が国の存立が脅かされ、国民の生命、自由、幸福追求の権利が根底から覆される明白な危険がある場合、必要最小限度の武力行使は憲法上許される」**としたのです。

けん　これまでは、自分の国に対する武力攻撃にだけで、必要最小限度の武力行使のみが許されていたのを、今度は、我が国と密接な関係にある他国、つまり米国への武力攻撃があった場合にも認められるようにするということですね。

かわ　そうなのですが、あくまでもそれは**「我が国の存立が脅かされ、国民の生命、自由、幸福追求の権利が根底から覆される明白な危険がある場合」**に限定されるという**「明確な歯止め」**があると言っています。

けん　う〜ん、ちょっと難しくて、どこが「明確」なのか、僕にはよくわからないのですが……米国が武力攻撃を受けているのに、日本の国民が危険にさらされるということなんて、そんな事態がありえるのですか？

かわ　安倍首相は、何度かイラストで描かれたパネルを使って説明していましたが、例として挙げられたのは、紛争地から在留邦人を輸送している米軍の輸送艦が攻撃を受けた時、日本の自衛隊がこれを防護するために武力攻撃をするというケースでした。首相は、現在の憲法解釈ではこれはできないが、今回の解釈変更でそれが可能になると強調していました。しかし、日米ガイドラインの規定では、米国政府は有事の際、米国民を最優先に退避させるという責任はあるが、日本国民は日本政府が責任を持つものであるとされており、このようなケースはありえないと多くの人が指摘をしています。

◯なぜいま、憲法解釈を変えるの？

けん　でも先生、なぜいまになって「集団的自衛権」の行使ができるように、憲法の「解釈」を変えようとしたのですか？

かわ　その理由について安倍首相は記者会見で繰り返し、**「日本を取り巻く安全保障環境が悪化している」**ということを述べています。具体的には、「グローバルなパワーバランスの変化、技術革新の急速な進展、大量破壊兵器や弾道ミサイルの開発及び拡散、国際テロなどの脅威」であるとか、「海洋、宇宙空間、サイバー空間に対する自由なアクセス及びその活用を妨げるリスクが拡散し深刻化している」というようなことが挙げられています。

けん　なんか難しくてよくわかりませんが、**要するに中国と北朝鮮が攻めてくるかもしれないから**ということじゃないのですか？　僕のまわりでも、中国が日本に攻めてきたら大変だから、その時はアメリカに助けてもらうために集団的自衛権が行使できるようにして、一緒に戦争できるように準備しておくんだと言ってる人がいますよ。

かわ　たしかに、近年、中国は軍事的な増強・拡大を進め、南シナ海や東シナ海での緊張も高まっています。また、北朝鮮も核兵器の開発を進めたり、長距離ミサイルを整備し、日本の大部分がその射程に入っていると言われています。また、ここ数年、日本と中国の間には尖閣問題や歴史認識の問題があり、日本と北朝鮮の間には拉致問題などがあって、その国交関係は必ずしも良好なものにはなっていないという現実があります。

けん　あんまり仲がよくないということですよね。だったら、やっぱり、中国や北朝鮮が、いつ日本に攻めてくるかわからないのだから、しっかりとそれに備えておくことは必要なのではないですか？

かわ　現実問題として、たとえば中国が、その地下に資源が眠っているかもしれないとして尖閣諸島を狙っていたとしても、あのちっぽけな無人島を占領するために、日本と戦争を始めようとするとは思えません。また、北朝鮮にしても、彼等の主たる仮想敵国は米国であり、軍事的な脅威を示威しているのも、米国との交渉を有利にしようとするためのものであって、本気で戦争をしようなどとは考えていないでしょうし、まして第三国である日本を攻めるということは、ほとんど考えられないと思いますよ。

けん　では、なぜ安倍首相は、「日本を取り巻く安全保障環境が悪化している」ことを強調して、いまにも日本が攻められそうなことを言っているのですか？

かわ　安倍首相が最初に政権を握った**第一次安倍内閣の時も「日本を取り巻く安全保障環境の悪化」を叫んでいました**。その後、彼が政権を手放してから、五人の総理大臣が政権を担っていたのですが、不思議なのは、その期間、首相の誰一人としてそのようなことを言って憲法解釈を変えようとはしなかったということです。

けん　ということは、**安倍首相が政権を担当している時だけ、「日本を取り巻く安全保障環境」は悪化するということになりますね。**

かわ　今後、首相が交代したら、「日本を取り巻く安全保障環境」が変わる可能性はあるかもしれませんね。

◯集団的自衛権の行使が認められたら、どうなるの？

けん　でも先生、集団的自衛権の行使が容認されたとしても、実際問題として、日本と最も密接な関係にある米国が、どこかの国、たとえば中国や北朝鮮などから攻められて戦争状態になるなんてことは、ほとんどありえないのではないでしょうか？

かわ　そうですね。中国や北朝鮮だけでなく、世界最大の軍事力を持っている米国に向かって武力行使をして戦争をふっかけるような無謀な国は、まずありえないと思いますよ。

けん　それならば、日本が集団的自衛権を行使して、米国を助けに行くなんてことは、ほとんどありえないのではないですか。

かわ　**たとえ米国が他国から攻められなくとも、米国が他国を攻撃するというようなことがあれば、当然、同盟国である日本も一緒になってその国を攻撃しにいくというのが集団的自衛権**なのです。

けん　それならば、米国が始めた戦争に、日本も巻き込まれて、一緒になって戦争をすることになるかもしれないということですか？

かわ　一般的には、そうなりますが、今回の「集団的自衛権」の行使容認の「解釈」では、あくまでも「我が国の存立が脅かされ、国民の生命、自由、幸福追求の権利が根底から覆される明白な危険」があるという**「存立危機事態」**の時のみという「限定」がついているとされています。

けん　では、どのような「事態」が、そのような「存立危機事態」であるのかを、いつ誰が、どのように判断するのですか？

かわ　それは、**「その時の政府がすべての情報を総合して客観的・合理的に判断する」**とされています。

けん　えっ？　それって、なんかすごく曖昧じゃないですか？「総合して判断する」って、結局、その時の政府の考えで、どうにでも判断できるということになるんじゃないですか？

かわ　安倍首相は、国会答弁では、「一般には海外派兵は必要最小限度を超えるもので、憲法上許されない」としながらも、中東のホルムズ海峡が機雷で封鎖されれば、日本の石油の八割がここを通過することから、国民の生死にかかわるような深刻で重大な影響が生じるとして、そこでの機雷除去活動に自衛隊があたることは「例外」であるとして示されていました。

けん　「例外」があるということは、他にもまだ「例外」が出てくる可能性もあるということですね。

かわ　その時の政府が、「すべての情報を総合的に判断する」と言っていますが、その「すべての情報」ということについても、「総合的な判断する基準」についても、**もしかするとそのすべてが「特定秘密」に指定されて、私たち国民には、なんにも知らされることなく、ある日突然、米国が始めた戦争に、「我が国の存立が脅かされる危機的事態」であるということで、自衛隊が海外に派兵されて、米軍と一緒に武力行使をすることになる**かもしれません。

けん　安倍首相は、米国の戦争に「巻き込まれることはない」と言っていますが、本当にそのようなことはないのですか？

かわ　「巻き込まれる」というよりは、日本が自らの積極的な意志で、米国の始めた戦争に**「突っ込んでいく」**ことになるかもしれないので、**「巻き込まれることはない」**と言っているのかもしれませんね。

◯自衛隊のリスクは高まらないの？

けん　集団的自衛権の行使が可能になると、自衛隊は堂々と国境を越えて世界中で同盟国と行動ができるようになると思うのですが、そうなると当然、**自衛隊員の人たちが海外での激しい戦闘に巻き込まれてしまうというリスクが高まる**のではないのですか？

かわ　安倍首相の国会での説明では、「従来と同様のリスクだ」として、けっしてリスクが増大するということはないと言っていましたし、むしろ日米同盟が強化されて抑止力が高まれば「リスクは下がっていく」とまで言っていました。

けん　えー、わざわざ戦闘行為が行われているところに自衛隊が行くかもしれないのに、どうしてリスクが下がるのですか？

かわ　当時の中谷防衛相は、自衛隊の海外活動の拡大で、「新たな任務に伴う新たなリスクが生じる可能性がある」と、リスクが増す可能性を認めましたし、「隊員に心的外傷後ストレス障害（PTSD）を含む精神的な問題が生じる可能性がある」とも言っています。

けん　それじゃあ、やっぱりリスクは高まるのではないですか？

かわ　それでも政府は、集団的自衛権の行使で自衛隊が他国軍を支援したとしても、一緒に戦闘行為を行うような武力行使には参加せず、あくまでも「**後方支援**」ということで、**燃料や食料の補給、物資の輸送、さらに弾薬の提供や発進準備中の戦闘機への給油などを行う**としています。

けん　でも先生、いくら日本の自衛隊が、同盟国の戦闘行為を後ろから支援するだけと言っても、相手の国から見れば、どちらも同じく自分の国を攻撃してくる敵国に見えてしまうのではないですか？

かわ　そのとおりです。国際的に見れば、そもそも「後方支援」という考え方自体がなく、**これは「兵《へい》站《たん》」と呼ばれる戦闘行為そのものであり、敵からの格好の攻撃目標となることは軍事の常識**と言われているのです。

けん　それでも、自衛隊が活動するのは戦闘が行われていない**「非戦闘地域」**だけなのではないですか？

かわ　イラク戦争の時は、そうだったのですが、これからは**「今は戦闘が行われていない地域」**であれば活動ができるようになるかもしれないのです。

けん　「今は戦闘が行われていない」ということは、さっきまで戦闘が行われていたり、今後、戦闘が行われるかもしれない地域ということになりますね。もし自衛隊が活動している最中に、戦闘が始まってしまったらどうするのですか？

かわ　安倍首相は、「その時には部隊の責任者が、退避する判断をしなければならない」と言っています。

けん　そんな！　戦闘が始まって、同盟国の軍隊が戦っているのに、自衛隊だけが退避できるわけないじゃないですか！　そんなことをしたら、かえって同盟国から「裏切り者！」とか「いくじなし！」とか呼ばれて、友達の縁を切られてしまうのではないですか？

◯そもそも憲法違反なんじゃないの？

けん　先生、やっぱり集団的自衛権の行使を認めるということは、どのような理由や限定をつけたとしても、自衛隊が国境を越えて、海外で同盟国と一緒になって戦闘行為に参加してしまうものとしか思えません。そう考えると、これはやはり自衛隊の「専守防衛」の原則からもはずれているし、いまの憲法第9条にも違反しているのではないかと僕は思うのですが……。

かわ　じつは**国会の衆議院憲法審査会の参考人質疑に招かれた3人の憲法学者たちが、集団的自衛権の行使を容認する安全保障関連法案について、憲法違反だと思いますか？　という質問に対して、3人ともそろって「違憲だ」と明言している**のです。

けん　えっ！　それじゃあ、僕と同じ考えだということですね。僕の考えも憲法学者並みのレベルだということでしょうか？

かわ　この3人の憲法学者たちは、それぞれ推薦した政党も、学問的な立場や考え方も違っているにもかかわらず、3人とも足並みを揃えたように、集団的自衛権の行使容認は憲法第9条が認めた自衛権の範囲を逸脱しているという見解を示したのです。そして、おそらく大多数の日本の憲法学者と呼ばれる学者たちは、この3人と同様に、集団的自衛権の行使容認について「違憲である」という見解を持っているのではないかと言われています。つまり、ふつうに良識的に理性的に考えることができれば、憲法学者だけでなく、誰でも「違憲である」という結論に達するということかもしれません。

けん　集団的自衛権の行使容認について、「合憲である」と言っている憲法学者もいるのですか？

かわ　自民党の菅官房長官は、最初「たくさんいる」と言っていたのですが、結局、数名しかいないことが明らかになり、最後は「数ではない」と言っていました。

けん　それだけの憲法学者の皆さんが、集団的自衛権の行使容認は「違憲である」と言っているのに、どうして安倍首相や政府、自民党の皆さんが「合憲である」と主張できるのですか？

かわ　安倍首相や政府が、集団的自衛権の行使容認を「合憲である」と主張する根拠のひとつとしているのは、**1959年の「砂川事件判決」**です。最高裁はこの判決で、「自国の平和と安全を維持し、その存立を全うするために必要な自衛のための措置」はとれるとしています。政府はここに着目して「自衛のための措置」には、集団的自衛権も入ると説明しているのです。

けん　最高裁の判決というのは重たいのかもしれませんが、この「砂川事件」って、いったいどんな事件だったのですか？

かわ　この事件は、1957年に、東京都砂川市（現立川市）の米軍基地拡張に反対して基地内に入ったデモ隊が起訴された事件で、そもそも判決で問われたのは旧日米安保条約に基づく米軍の駐留が憲法上認められるかどうかだったのです。東京地裁の判決では、「米軍の駐留は憲法第9条に違反する」として全員に無罪が言い渡されましたが、米国からの圧力で高裁を跳び越えて最高裁に上告され、一審判決を破棄し、全員に有罪が確定しました。**当時の裁判においては、集団的自衛権のあり方やその行使に関して触れているところはまったくなく、判決文の「自衛のための措置」という判示から集団的自衛権まで認めたものとするのは、ほとんど無理だと指摘されている**のです。

○歴代の政府見解では、ずっと「違憲」だったの？

かわ　安倍首相と政府は、集団的自衛権の行使容認が「合憲」である根拠として、**１９７２年に田中内閣が提出した政府見解**も持ち出してきています。この時の政府見解では、日本国憲法第９条では、戦争を放棄し、戦力の保持を禁止していますが、一方で憲法では、前文の「平和的生存権」と第13条の「生命、自由および幸福追求の権利」を国民に保障するということが定められていることから、**「我が国が自らの存立を全うし国民が平和のうちに生存することまでも放棄していないことは明らかであって、自国の平和と安全を維持しその存立を全うすることを禁じているとはとうてい解されない」**との見解が示されています。２０１４年7月1日の閣議決定の時には、この部分が集団的自衛権行使容認の根拠として引用されていました。

けん　この時から自民党の政府は、集団的自衛権の行使を容認していたのですか？

かわ　じつは、この引用された文章のあとに、「しかしながら、だからといって、平和主義をその基本原則とする憲法が、右にいう自衛のための措置を無制限に認めているとは解されない」というくだりが続き、結論としては、**「したがって、他国に加えられた武力攻撃を阻止することをその内容とするいわゆる集団的自衛権の行使は、憲法上許されないといわざるを得ない」**となっているのです。

けん　なんだ、政府見解の結論では、集団的自衛権は「違憲だ」って言ってるんじゃないですか。結局、「砂川事件判決」も、「72年政府見解」も、集団的自衛権行使を容認させるために、自分たちの都合の良いところだけをつまんで、都合良く「解釈」しているだけではないのですか？

かわ　この１９７２年の政府見解だけでなく、**１９８１年当時の鈴木内閣の政府答弁書**においても、集団的自衛権を有していることは当然としながらも、**「憲法九条の下において許容されている自衛権の行使は、我が国を防衛するため必要最小限度の範囲にとどまるべきものであると解しており、集団的自衛権を行使することは、その範囲を超えるものであって、憲法上許されないと考えている」**となっているのです。

けん　この頃の政府見解では、はっきりと集団的自衛権の行使は「違憲」だと言っているのですね。けれども、その後に自衛隊が国連のＰＫＯやアフガニスタン戦争・イラク戦争などで海外に出るようになっていったと思うのですが、政府の解釈や見解は変わっていったのですか？

かわ　米国からの度重なる圧力から、自衛隊が国境を超えて海外に出動することになっていっても、このような自衛隊の活動では「武力行使」をすることは認められていないので、集団的自衛権の行使とは言えず「合憲」であるという解釈は維持されていたのでした。**２００１年の小泉内閣の政府見解**においても、**「憲法第九条の下において許容されている自衛権の行使は、我が国を防衛するため必要最小限度の範囲にとどまるべきものであると解しており、集団的自衛権を行使することは、その範囲を超えるものであって、憲法上許されないと考えている」**となっているのです。

◯本当に、立憲主義がわかっているの？

けん　歴代の自民党政権が、ずっと「違憲」だとしてきた集団的自衛権の行使についての「解釈」は、いつ頃から変わっていったのですか？

かわ　はっきりと「解釈」が変わったのは、**2014年の7月1日の閣議決定**からですが、安倍首相は、すでに総理大臣になる以前から、集団的自衛権の行使については容認する立場を表明しており、2004年には当時の内閣法制局長官に対して、「（内閣法制局見解は）『我が国を防衛するため必要最小限度の範囲にとどまるべきである』、こういうふうにありますが、『範囲にとどまるべき』というのは、これは数量的な概念を示しているわけであります。とすると、論理的には、この範囲の中に入る集団的自衛権の行使というものが考えられる……」という質問をしています。

けん　へぇ〜、この頃から、かなりアクロバット的な理屈の「解釈」を喋っていたのですね。ところで、先生、内閣法制局長官って、どんな立場の人なんですか？

かわ　**内閣法制局というのは、法律に基づき内閣に属する行政機関で、各省庁が作成した法案の原案について、条文に問題がないか、特に憲法に違反していないかを厳しくチェックする機関**なのです。内閣法制局長官が「憲法違反」と判断すれば、内閣はその行為をできなくなり、**「法の番人」**とも呼ばれています。

けん　憲法に基づく内閣法制局長官の判断は、ある意味、総理大臣でも逆らうことができないのですね。

かわ　そうなのです。すくなくとも、第二次安倍政権の成立までの内閣法制局は、集団的自衛権の行使容認については、一貫して「違憲である」という立場をとっていたのでしたが、**2013年、法制局での経験がまったくない外務省出身の小松一郎氏が法制局長官に抜擢されてからは、一転して「容認」の立場をとるようになった**のでした。

けん　それは、どうしてなのですか？

かわ　2014年の国会で、安倍首相が、「先ほど来、法制局長官の答弁を求めていますが、最高の責任者は私です。私が責任者であって、政府の答弁に対しても私が責任を持って、その上において、私たちが選挙で国民から審判を受けるんですよ。審判を受けるのは、法制局長官ではないんです。私なんですよ」という発言に現れているように、**安部首相自身が、憲法の最終的な「解釈」は、内閣法制局ではなく自分自身がやるというように自覚しているから**ではないでしょうか。

けん　でも憲法第99条では、国会議員・国務大臣は憲法を尊重擁護しなければならない義務があるのですよね。2時間目の授業で、先生からしっかりと教わりましたよ。安倍首相は、立憲主義についてよく知らないのではないですか？

かわ　これも2014年の国会ですが、安倍首相は憲法と立憲主義について、**「憲法が国家権力を縛るというのは、王様が絶対的な権力を持っていた時代の考え方だ。今は国の形、理想を語るものだ」**と発言しているのです。

けん　安倍首相も、もう一度、立憲主義について勉強し直したらいいかもしれませんね。

◯「解釈改憲」ではなくて「解釈壊憲」じゃないの？

けん　でも先生、憲法第9条は変えないまま、首相や政府が自衛権の「解釈」をどんどん拡大していって、なんでもできるようにしていこうとしたら、憲法や法律という「きまり」をきちんと決めておくという意味がなくなってしまうのではないですか？

かわ　そのとおりです。**権力者が、勝手気ままに、やりたい放題の政治をしないために、あくまでも「法」に基づいて支配を行うことが「法の支配」であり、国民の権利を守るため、「憲法」によって権力者の権力行使を制限することが「立憲主義」**なのですが、権力者が「法」や「憲法」を、好きなように「解釈」して権力行使を行うことは、まさにこの「法の支配」と「立憲主義」を否定し壊すことになると思います。つまり権力者の都合の良いように憲法を「解釈」して、実質的に「**改憲**」したのと同じような状態にしようとすることは、「立憲主義」や「憲法」そのものを壊すこと、すなわち「**壊憲**」することになるということです。

けん　ようするに、いま安倍首相がやろうとしていることは、「**解釈改憲**」ではなくて、「**解釈壊憲**」だということですね。

5時間目

憲法が変わったらどうなるの?

◯「自民党憲法改正草案」は何をめざしているの？

けん　かわはら先生、今年から僕たち18歳にも選挙権が与えられましたが、憲法を変える国民投票の投票権も与えられているのですよね？

かわ　じつは、2014年の6月に改正憲法改正国民投票法が成立して、2018年6月から国民投票の投票権は18歳に引き下げるということになっています。でも、この間の参議院選挙で、自由民主党と公明党の与党と憲法を変えてもいいという政党の国会議員の勢力が3分の2に達したので、今後の国会論議の中で憲法改正の発議が現実的になってきたなら、国民投票の投票年齢の引き下げの前倒しが検討されるかもしれませんね。

けん　そうなったら、僕たちも、この憲法を変えるということについて、マジで考えなければならなくなってきますね。けれども先生、自由民主党などの憲法を変えたいという人たちは、いったい、いまの憲法をどのように変えたいと言っているのですか？

かわ　自由民主党は、その結党以来、憲法の改正を党是として主張してきていますが、2005年に『新憲法草案』を発表し、その後、2012年4月28日に『**日本国憲法改正草案**』を発表しました。

けん　それでは、自由民主党などの憲法を変えたいという人たちが憲法改正の発議をしたならば、いまの日本国憲法が、その草案の内容のように変えられるということですか？

かわ　実際に、国会に憲法改正原案を提出する時には、**シングルイシュー（ひとつのテーマごと）**で出されると考えられていますので、いっきに全面的に、この草案の内容のように変えようということにはならないと思いますが、この自由民主党が作成した『日本国憲法改正草案』を読むと、自由民主党が、いまの日本国憲法を、全体的にどのような方向に変えたいと思っているのかが、よくわかります。

けん　いったい、どのような方向に変えたいと思っているのですか？

かわ　まず、いまの日本国憲法は、戦後、連合国軍の占領下において、マッカーサー総司令長官の下の司令部が指示した草案をもとに制定されたもので、真の意味で日本人の手によるものではないので、改めて日本人だけの手によって、日本にふさわしい憲法に変えていきたい、その上で、翻訳調の言い回しや**「天賦人権説」に基づく規定を全面的に見直したい**と思っているようです。

けん　その「天賦人権説」って何ですか？

かわ　**「人は生まれながらにして自由・平等などの権利（自然権）を持っており、それは誰も奪うことはできない」**という、近代以降の市民革命や人権宣言、近代憲法の成立などに大きな影響を与えた「基本的人権」についての考え方です。

けん　それは2時間目に勉強した、**ロックやルソーの「自然権思想」**というやつですね。でも、どうしてそれを全面的に見直すのですか？　それは、日本国憲法だけでなく、世界中の憲法の基本である「立憲主義」の根本思想ではないのですか？

◯「天賦人権説（自然権思想）」の考え方を改めるの？

かわ　だいぶん憲法や「立憲主義」について、理解してきたようですね。そうです。**「天賦人権説」＝「自然権思想」**は、憲法というのは国民一人ひとりの基本的人権を守るためにあるのであって、国家は、この国民の権利を保障するために、この憲法のきまり（ルール）に従った政治を行わなければならないという「立憲主義」の根本思想であり、日本国憲法の基本でもあるのです。

けん　自由民主党の『日本国憲法改正草案（以下自民草案）』では、その「天賦人権説」に基づく規定を見直そうと考えているのですか？

かわ　自由民主党が発行している『日本国憲法改正草案Q＆A（Q＆A）』には、そう書いてありますし、自由民主党のある国会議員からは、**「天賦人権論をとるのは止めよう、というのが私たちの基本的な考えです」**という発言もあったようです。実際、日本国憲法（以下現行憲法）の**第97条**である、「この憲法が日本国民に保障する基本的人権は、人類の多年にわたる自由獲得の努力の成果であつて、これらの権利は、過去幾多の試練に堪へ、現在及び将来の国民に対し、侵すことのできない永久の権利として信託されたものである。」という条文が、**自民草案では、全文削除**されています。

けん　え〜、基本的人権がなくなっちゃったんですか？

かわ　なくなったわけではありません。**自民草案の第11条**では、**「国民は、全ての基本的人権を享有す**

る。**この憲法が国民に保障する基本的人権は、侵すことのできない永久の権利である。**」と明記されていますので、基本的人権そのものを認めないというのではなく、基本的人権が「西洋の天賦人権説に基づいて規定されている」という考え方は「改める必要がある」と考えているようです。

けん　どういうところが改められたのですか？

かわ　憲法第97条というのは、第十章「最高法規」について規定なのです。そこから、基本的人権についての条文を削除したということは、憲法が国の「最高法規」であることの根拠である、「憲法は国民の一人ひとりの基本的人権を守るためにあり、そのために国家の権力行使は憲法に従った政治を行わなければならない」という**基本的人権の尊重を根本にした「立憲主義」の考え方を、これによって改めたい**と考えているのかもしれませんね。

けん　それじゃあ、自民草案の憲法は「最高法規」じゃあないんですか・

かわ　自民草案の第１０１条には、「この憲法は、国の最高法規であって、その条規に反する法律、命令、詔勅及び国務に関するその他の行為の全部又は一部は、その効力を有しない。」となっていて、これはまったくいまの日本国憲法と変わっていません。

けん　では、どこが改められたのですか？

かわ　その次の条文である**草案の第１０２条**が新たに新設され、そこには**「全て国民は、この憲法を尊重しなければならない。」**と書いてあるのです。

けん　えっ？　憲法って、国民が国家に守らせる「きまり（ルール）」じゃあなかったんですか？

◯国民も憲法を守らなければならないの？

かわ　そのとおりです。日本国憲法第99条では、「天皇又は摂政及び国務大臣、国会議員、裁判官その他の公務員は、この憲法を尊重し擁護する義務を負ふ。」となっており、その中に「国民」というのは入っていないのです。ところが、今回の**自民草案では、わざわざ一条を新設して、「全て国民は、この憲法を尊重しなければならない。」**としているのです。

けん　どうして、「国民」も憲法を尊重しなければならないのですか？

かわ　「Q&A」では、憲法も法であるので「憲法の制定権者たる国民も、憲法を尊重すべきことは当然」のことであって、「憲法に規定を置く以上、一歩進めて憲法尊重擁護義務を規定した」と書いてあります。

けん　つまり、**憲法を尊重擁護することは「国民」の「義務」であると規定する**ということですね。

かわ　どうやらそのようです。それだけではなく、自民草案では、この他にも、国民の義務として、**国防義務**（前文）、**日章旗・君が代尊重義務**（第3条）、**領土・資源確保義務**（第9条）、**公益及び公の秩序服務義務**（第12条）、**個人情報不当取得等禁止義務**（第19条）、**家族助け合い義務**（第24条）、**環境保全義務**（第25条）、**地方自治分担義務**（第92条）、**緊急事態指示服従義務**（第99条）など、じつに数多くの義務規定が書かれています。

けん　えっ！　国民の義務って、「**納税・勤労・教育の三大義務**」だって、中学校で習いましたが、自民草案の憲法になると、そんなに国民の義務が増えてしまうのですか？　憲法って、国家の権力を制限して、国家が守るべきものであると習いましたが、これでは、国民の権利を制限して、国民が守るべきものになってしまうのではないですか？

かわ　「Q&A」では、国民の憲法尊重擁護義務の規定は、**「あくまで訓示規定であり、具体的な効果があるわけではありません」**と書いてありますが、一度憲法に明記されてしまった後に、この条文を論拠にして、これらの義務を具体化していく法律が制定され、国民の権利を制限してくるかもしれません。

けん　憲法というのは、国民の権利を守るためにあると習いましたが、これでは、まるで国民の権利を制限するための憲法になってしまうのではないですか？　なにか、天井と床がひっくり返ったような感じですね。

かわ　じつは、自民草案の**第１０２条の２項**には、憲法を守らなければならない人々として、「国会議員、国務大臣、裁判官その他の公務員は、この憲法を擁護する義務を負う。」と書いてあるのです。

けん　あれ？　日本国憲法の条文にはあった、「天皇」がなくなっているのではありませんか？

かわ　そうなんです。**自民草案では、憲法を守らなければならない国家権力の関係者から、「天皇又は摂政」が除かれてしまっている**のです。

◯天皇が日本国の「元首」になるの？

けん　自民草案では、「天皇」は憲法を守らなくてもよくなるのですか？

かわ　そのことについて「Q&A」には、なにも書いていないのですが、自民草案には、「天皇」の扱いについての条文が、日本国憲法とは大きく変わっています。たとえば、自民草案の第1条では、**「天皇は、日本国の元首であり、日本国及び日本国民統合の象徴であって、その地位は、主権の存する日本国民の総意に基づく。」**となっています。

けん　日本国憲法では、天皇は、ただ**「象徴」**としか書かれていませんでしたよね。

かわ　そうです。これが自民草案では、はっきりと**「元首」**という地位を明記しているのです。「元首」というのは、その国の第一人者を意味するもので、わかりやすく言うと「その国で一番偉い人（最高権力者）」ということになります。

けん　アメリカ合衆国の「元首」は、オバマ大統領ですよね。でも、日本の「元首」は「天皇」になるのですか？

かわ　かつての大日本国憲法（明治憲法）では、「天皇」は日本の最高権力者である「元首」として位置づけられていましたが、**現在の日本国憲法の下では、「天皇」にはいっさいの政治的権力の行使は許されておらず、「国事に関する行為」という形式的・儀礼的な行為しか認められていないので**す。

けん　国会の開会式や国民体育大会の開会式で挨拶したりすることや、外国から偉い人が来日したら歓待するとかですよね。でも、それだけで「元首」と言えるのですか？

かわ　現在の「天皇」は、外交儀礼的には「元首」として扱われることもありますが、実質的な最高権力者ではないですね。

けん　だったら、「象徴」のままでもよいように思うのですが、どうして「元首」って明記するのですか？

かわ　自民草案の前文の一番最初のところには、**「日本国は、長い歴史と固有の文化を持ち、国民統合の象徴である天皇を戴く国家であって、国民主権の下、立法、行政及び司法の三権分立に基づいて統治される。」**と書いてあります。この**「天皇を戴く」**という表現は、すなわち、日本という国家・国民の上に「天皇」が位置づけられるということのように読めます。もしかすると、天皇を「元首」と位置づけることは、日本という国家・国民の上に位置づくものとすることなのかもしれません。そうすると、「天皇」は「憲法」の上にも位置づけられることになり、そうだから「憲法尊重擁護義務」からも外すということになるのかもしれませんね。

けん　それって、まるで明治時代のようですね。

かわ　かつての大日本国憲法（明治憲法）では、天皇は「元首」であり、国家の最高権力者としての**「統治権」を総攬**（すべてを掌握）しており、憲法の条規によって、その「統治権」を行使しなければならないという**「立憲君主制」**をとっていました。そういった意味で、明治憲法も「立憲主義」の憲法ではあるのですが、実際には天皇は憲法の上に位置すると考えられていたのです。

○国民の義務と責任を果たさないと、自由と権利は認められないの？

けん　自民草案では、天皇が「元首」となるということは、「主権」は天皇にあることになるのですか？

かわ　いいえ。自民草案の前文にも、**「国民主権の下」**と書いてありますし、自民草案の第1条にも、「主権の存する日本国民」というように書かれていますので、基本的に「主権」は国民にあるという**「国民主権」**の原則は変わらないようです。

けん　それでは、自民草案では、**「基本的人権の保障」**という原則も、変わらないのですか？

かわ　それが、いまの日本国憲法の条文とは、微妙に語句や言葉遣いが変えられているのです。たとえば、**日本国憲法の第13条**には、**「すべて国民は、個人として尊重される。」**となっているところが、**自民草案の第13条**では、**「全て国民は、人として尊重される。」**となっているのです。

けん　**「個人」が、「人」に変わった**のですね。あまり変わったようには思えないのですが、どこが違うのですか？

かわ　「個人として」という表現が、「個人主義＝利己主義」というように理解されて、「わがまま」を助長するというような理由から、これを「人として」というように変えたのかもしれませんね。けれども、「個人として尊重される」というのはけっしてそのような意味ではなく、**国民一人ひとりが、お互いの違いを認め合いながら、かけがえのない一人ひとりの存在が大切にされるという意味**

なのです。「個人」が「人」になってしまうことで、そのような一人ひとりの違いよりも、むしろ「人」という、人間としての共通性や一般性の方が重視されているように感じます。

けん　やっぱり、「みんなちがって、みんないい（金子みすゞ）」ですよね。

かわ　もうひとつ大きく変わったのは、**自民草案の第12条**で、「**この憲法が国民に保障する自由及び権利には責任及び義務が伴うことを自覚し、常に公益及び公の秩序に反してはならない。**」というように、「**国民の責務**」ということの条文が新たに明記されていることです。

けん　これだと、国民としての責任と義務を果たさないと、自由と権利は認められないということになるのですか？

かわ　権利が認められないということはないと思いますが、日本国憲法の第11条には、「国民は、すべての基本的人権の享有を妨げられない。」という条文が、**自民草案の第11条**では、「**国民は、全ての基本的人権を享有する。**」となっており、「**妨げられない**」**という文字が消えています**。ということは、場合によっては「基本的人権」を「妨げる（制限する）ことがある」というようにも受け取れます。

けん　それが、「**公益及び公の秩序**」に反した場合になるのかな？　あれっ？　この部分は日本国憲法では「**公共の福祉**」って書いてあるところではないのですか？

かわ　そうなんです。日本国憲法では、「公共の福祉」となっているところは、自民草案では、すべてこの「公益及び公の秩序」というように変わっているのです。

◯「公共の福祉」じゃなくて、なぜ「公益及び公の秩序」なの？

けん　日本国憲法の「公共の福祉」と、自民草案の「公益及び公の秩序」って違うものなんですか？

かわ　日本国憲法の**「公共の福祉」**とは、**「国民全体の利益と福祉」**というような意味で、**人権と人権とが衝突した時に調整する原理**だとされています。つまり、ある個人の人権のために、他の多くの人たちの利益や福祉が損なわれることが起きるような場合、ある個人の人権が制限される場合があるということなのです。

けん　みんなの幸せのためには、一人のわがままは、ちょっと我慢しなさい、ということですか？

かわ　まあ、簡単に言うと、そういうことですね。

けん　では、**「公益及び公の秩序」**って、なんですか？

かわ　**「公益」**という表現だと、「国民一人ひとりの総体として全体の利益」というよりは、**「社会や国家の全体の利益」**というように、もっと大きな枠組みでの利益というようなニュアンスが強くなっているように思います。すぐに思いつくのは、**「国益」**という表現です。「国益＝国家の利益」は、必ずしも、「国民一人ひとりの総体としての全体の利益」とは、イコールにはならないと思います。

けん　「国益」のためにというと、やっぱり、なんか「お国のために」という感じになりますよね。

かわ　**「公の秩序」**というのについても、やはり同じように**「社会や国家の全体の秩序」**というニュアンスが強く感じられます。「Q＆A」では、「公の秩序とは、社会秩序のことであり、平穏な社会生活のことを意味します。個人が人権を主張する場合に、他人に迷惑を掛けてはいけないのは、当然のことです。そのことをより明示的に規定しただけであり、これにより人権が大きく制約されるものではありません」と書いてありますが、具体的にどのような行為が社会秩序や平穏な社会生活を乱して、「公の秩序」に反することになるのかについては、はっきりしていません。

けん　国や政府の言っていることに逆らったり、反対したり抗議したりすると、「公益及び公の秩序」に反することになるのではないですか？

かわ　「Q&A」には、「公の秩序」と規定したのは、「反国家的な行動」を取り締まることを意図したものではありません、と書いてありますが、自民党のある大臣は、「国会周辺でのデモはテロだ」というようなことを言ったこともあるので、もしかすると反政府的なデモや集会が「公の秩序」に反すると言われかねないかもしれませんね。

けん　先生は、よく脱原発のデモや集会に参加しているようですので、危ないんじゃあないですか？

かわ　**日本国憲法の第21条**では、**「集会、結社及び言論、出版その他一切の表現の自由は、これを保障する。」**となっていますが、**自民草案**では、この条文の後に2項として**「前項の規定にかかわらず、公益及び公の秩序を害することを目的とした活動を行い、並びにそれを目的として結社をすることは、認められない。」**という条文が加えられているのです。

けん　それでは、日本国憲法では保障されていた、自由にものを言ったり書いたり表現したりする自由も、自民草案になると、場合によっては「制限」されたり、取り締まられることもあるかもしれないということですね。

◯第9条と「平和主義」はどうなるの？

けん　先生、でも、改憲の本丸は第9条ですよね。自民草案では、どのように変わっているのですか？

かわ　**自民草案の第9条では、「日本国民は、正義と秩序を基調とする国際平和を誠実に希求し、国権の発動としての戦争を放棄し、武力による威嚇及び武力の行使は、国際紛争を解決する手段としては用いない。２　前項の規定は、自衛権の発動を妨げるものではない。」**となっています。

けん　いまの日本国憲法の第9条と、そんなに変わっていないように見えるのですけど。

かわ　「Q＆A」でも、「日本国憲法の三大原則のひとつである平和主義を定めた規定であるので、基本的には変更しない」「9条1項の基本的な意味は、従来と変わりません」と書いてありますが、微妙なポイントでの大きな変更がみられます。日本国憲法の第9条では、①国権の発動たる戦争、②武力による威嚇、③武力の行使のすべてが放棄されていましたが、自民草案では、放棄しているのは「国権の発動たる戦争」だけで、「武力による威嚇及び武力の行使」ついては、国際紛争を解決する手段としては用いないが、**「自衛権の行使や国際機関による制裁措置は、禁止されていない」**と考えているようです。

けん　日本国憲法第9条の2項では、「前項の目的を達するため、陸海空その他の戦力は、これを保持しない。国の交戦権は、これを認めない。」と書いてありましたが、自民草案では、これはまったくなくなっていますね。そのかわりに**「自衛権」**という言葉が入っていますが、これは、「自衛隊」の存在をきちんと認めるということなのですか？

かわ　これまでも、政府の解釈では、主権国家の自然権（当然持っている権利）としての「自衛権」は認められるとされてきましたが、これを憲法に明示するとともに、この「自衛権」には、**「個別的自衛権」**だけでなく**「集団的自衛権」**も含まれているとされています。

けん　「集団的自衛権」は、昨年から話題になっている問題ですね。日本が攻められていなくとも、「トモダチ」であるアメリカが攻められたなら、日本の自衛隊も一緒になって戦うというやつですね。

かわ　いまの日本国憲法下では、「集団的自衛権」は、持っているけど行使できないという解釈でしたが、２０１４年の7月の閣議決定で、いまの憲法の下でも、「我が国の存立が脅かされ、国民の生命、自由及び幸福追求の権利が根底から覆される明白な危険がある場合」には、その行使は容認されるとされ、昨年9月の国会での「安保関連法」の成立によって「限定的」に認められるとされました。

けん　でも多くの憲法学者の人たちが、それは「憲法違反だ！」と言っていましたよね。

かわ　今回の「安保関連法」では、あくまでも「限定的」な場合によってだけ認められるとされているものが、**自民草案の第9条の2項**では、**「自衛権の行使を妨げるものではない。」**と明記されることによって、「自衛権」の行使には何らの制約もなくなり、**「集団的自衛権」についても憲法上の制約なく行使できるようになる**ということのようです。

けん　それでは、いまの憲法には明記されていない「集団的自衛権」の行使が「限定的」であっても容認されるというのはおかしいのではないですか？　本当に「集団的自衛権」の行使が必要だというならば、きちんと憲法を改正して、「自衛権」が明記されてからやればいいのではないでしょうか？

○「自衛隊」が「国防軍」になるとどうなるの？

かわ　自民草案で、最も大きな改正点は、**日本国憲法第9条2項の、「前項の目的を達するため、陸海空その他の戦力は、これを保持しない。国の交戦権は、これを認めない。」**という部分を全文削除して、**「前項の規定は、自衛権の発動を妨げるものではない。」**とし、その上で、新たに第9条の二という条文を新設し、**「国防軍」を保持することを明記**したことです。

けん　それは、これまでの自衛隊という名称を、今度は「国防軍」にするということなのですか？

かわ　自衛隊と「国防軍」では、その性格も位置づけも、大きく変わってくると思います。自衛隊というのは、あくまでも**「専守防衛」**が目的で、日本が外国から攻められた時に「自衛」をするための「必要最小限度の実力」を持った「部隊」とされてきました。これに対して**「国防軍」**は、国際的にも他の国から正式な「軍隊」と認められるような「戦力」を保持するものとなるのです。

けん　他の国では持っていて、認められている「戦力を持つ軍隊」が、どうして日本では認められていないのですか？

かわ　それは、日本国憲法の前文と第9条に明記された、**「恒久平和主義」**によって、二度と戦争はしない、戦力は保持しない、交戦権も否定するとしたからです。日本は先の戦争で、アジアを中心とした2000万人の近隣諸国の人々に大きな危害を加えてしまいました。同時に、310万人もの日本人も戦争によって犠牲となったのです。戦後、そのことを痛切に反省した日本国民は、この日

けん　本国憲法の「恒久平和主義」を、圧倒的な支持によって守り続けてきたからだと思います。

かわ　自民草案で、「国防軍」という規定をおき、「軍隊」を保有すると明記したということは、再び「戦争」をするような国になるということですか？

けん　自民草案の第9条1項では、「国権の発動としての戦争を放棄し」と明記してあります。**自民草案の第9条の二**では、「国防軍」とは、**「我が国の平和と独立並びに国及び国民の安全を確保するため」の任務を遂行する活動を行うもの**であり、その他に、**「国際社会の平和と安全を確保するために国際的に協調して行われる活動」**と**「公の秩序を維持し、又は国民の生命若しくは自由を守るための活動」**を行えるものであると規定しています。

かわ　ということは、自衛のための活動だけでなく、**外国に出て行って武力を行使することもできるようになる**ということですね。

けん　そのとおりです。国連のＰＫＯやＰＫＦの活動だけでなく、場合によってはアメリカを中心とした多国籍軍にも参加して、他の国の軍隊と一緒に武力行使ができるようになるということだと思います。

かわ　**「公の秩序」**というのがまた出てきましたが、これを維持するとはどのような活動なのですか？

けん　**「治安維持や邦人救出、国民保護、災害派遣などの活動」**とされていますが、「治安維持」となった場合、政府に反対するデモや集会に対して、「国防軍」が出動して、これを鎮圧しようとするということも考えられます。外国などでは、その国の軍隊が、自国の国民に銃を向けるということが、これまでもたびたび見られました。「軍隊」というのは「国家」を守る組織であって、「国民」を守る組織ではないと言われることもあります。

一番最初に変えたい（新設したい）のは「緊急事態条項」なの？

かわ　もしかすると自由民主党が憲法改正の発議ができるようになったら、一番最初に変えたい（新設したい）と思っているのは、いまの憲法の第9条でも第96条でもなく、「自民草案」の第9章に書いてある**「緊急事態条項」**かもしれません。

けん　えっ？　それって、いまの憲法のどこに書いてあるのですか？

かわ　**いまの憲法には、この「緊急事態」についての条項というのはありません。**いまの憲法の制定過程では、当時の政府が、首相や内閣による緊急措置を可能とする条項が必要だと主張したのですが、戦前の大日本帝国憲法にあった「緊急勅令」や「戒厳宣告権」などの規定が、国民の言論や人権を抑圧し、軍国主義路線を強めた過去があることから、戦前の日本に逆戻りすることを心配したGHQが、これを受け入れなかったのです。

けん　「緊急事態」って、この前の東日本大震災のような大きな自然災害のようなことじゃないんですか？　戦前の軍国主義時代の「戒厳令」みたいな、そんなに怖いことになるような条項なんですか？

かわ　「自民草案」の第9章第98条では、この「緊急事態」というものを、**「我が国に対する外部からの武力攻撃、内乱等による社会秩序の混乱、地震等による大規模な自然災害その他の法律で定める。」**ものであるとしています。

けん　大規模な自然災害も入っていますが、それだけじゃなくて、外部からの武力攻撃や内乱なんかも「緊急事態」なんですね。

かわ　「自民草案」の第98条では、そのような事態になった時、首相は「緊急事態」を宣言できると規定してあり、第99条では、この宣言が発せられた場合、**「何人も、法律の定めるところにより、当該宣言に係る事態において国民の生命、身体及び財産を守るために行われる措置に関して発せられる国その他公の機関の指示に従わなければならない。」と規定されている**のです。

けん　要するに、「緊急事態」の時には、「国や公の機関の指示・命令には従いなさい」ということですね。

かわ　「Q&A」には、「東日本大震災における政府の対応の反省も踏まえて」と書いてあり、当時、路上に放置された車両が財産権の問題で撤去できなかったことなども理由としているようです。たしかに大規模な自然災害の時のような「緊急事態」への対応に備えておくことは重要なことだと思いますが、「自民草案」には、「緊急事態」を「その他の法律で定める」となっており、**政府がこれをどんどん拡大解釈していき、国民の基本的人権を制限するようになっていく可能性もあります。**

けん　どうして自民党は、憲法改正の発議では、この「緊急事態事項」を一番最初に変えたい（新設したい）と言ってくるかもしれないのですか？

かわ　国民の中に、まだ東日本大震災の記憶も強く残っており、この間の熊本での大地震などもあったので、「大規模な自然災害」に対応するための憲法改正であるというならば、国民や野党の理解も得やすいし、また、公明党や改憲に前向きな他の政党の議員の支持も得られやすいのではないかと考えているようです。

◯まずは「お試し改憲」をするの？

かわ　自民党は、もし憲法改正の発議と国民投票をするのであれば、まずは**「緊急事態条項」**を新設すること、さらに、これに**「環境権」**と**「財政規律条項」**を加えての三条項を優先的に論議して、これらをいまの憲法に「追加」するというかたちでの「改憲」をめざすと考えているようです。

けん　なぜ、その三条項を優先するのですか？

かわ　さっきも言ったように、国民の中にまだ東日本大震災の記憶も強く残っているので、そのような大規模災害の発生などに対応するという「緊急事態条項」は、国民や野党の理解を得やすいのではないかということがあります。さらに「環境権」についても、いまの憲法には条文として明記されていませんが、いまの時代には必要となってきている「新しい人権」であり、「加憲」を掲げている公明党の理解も得やすいのではないかということ。そして、「財政規律条項」というのは、国の財政赤字の無制限な拡大を防ぐことを規定する目的の条項で、これも現在、国の財政赤字の増大が深刻な事態となっている中では、誰も反対する者はいないのではないかということのようです。

けん　たしかに、ないよりはあった方が良いような気もしますが、自民党の「憲法改正草案」を見ても、やはり一番変えたいと思っているのは**憲法第９条**ではないのですか？

かわ　おそらく、安倍首相や自民党も「本音」では第９条を一番に変えたいと思っているのでしょうが、世論調査でも第９条の改正については国民からの抵抗もまだ根強いのではないかと考えて、まずは他の野党や国民からも理解の得られやすいところから手を付けていき、**国民に一度「憲法改正」を「体験」してもらい、「改憲」が「怖いもの」ではないと感じさせてから、二回目以降の「憲法改正」から順次、「本丸」の第９条に手を付けていこうという「２段階戦略」**を考えているようです。

けん　まずはやりやすいところを変えてから第９条を改正しようというのは、以前、第96条を変えて、憲法を変えやすくしてから第９条を改正しようというやり方と似ていますよね。

かわ　第96条改正論の時には、**「裏口入学」**と批判されましたが、今回の三条項優先については**「お試し改憲」**と言われているようです。

けん　まるで、塾や予備校の「お試し体験学習」や、エステの「お試し体験コース」みたいな感じですね。なにがなんでも「改憲したい」、どんな手段を使っても「改憲したい」という、執念みたいなものを感じますね。

かわ　安倍首相の悲願と執念は、なんとしてでも自分の首相在任中に「憲法改正」を実施したいということだと思います。本音では、いまの日本国憲法の前文や第９条だけでなく全面的に「改正」したいと思っているのでしょうが、とりあえずはできそうなところから手を付けて、その後の本格的な「憲法改正」への道筋だけは付けていきたいと考えているのではないでしょうか。

Z Z Z

6時間目

憲法変えるの？
変えないの？

◯3分の2を超えたら憲法を変えることになるの？

けん　かわはら先生、この間の参議院議員選挙で「改憲勢力」が3分の2を超えたと言われていますが、これでいまの憲法が変わってしまうことになるんですか？

かわ　たしかに、この間の参議院議員選挙の結果、与党である自由民主党と公明党の議席と、改憲に前向きと言われるおおさか維新の会と日本のこころを大切にする党の議席を合わせると、参議院の全議席の3分の2（162議席）に達しました。与党は、すでに衆議院でも3分の2の議席を占めているので、もしこれらの与党議員と改憲に前向きな政党の議員がすべて賛成すれば、国会での改憲の発議ができるようになったということです。

けん　この間の参議院議員選挙の結果によって、そんな大きな変化が生じたのですね。正直言って、今

4党に非改選無所属含め
改憲勢力 3分の2
参院議席確定

参議院 党派別の新勢力

	新勢力	公示前比	当選者	改選議席	選挙区	比例区
自民	121	+6	56	50	37	19
民進	49	−11	32	43	21	11
公明	25	+5	14	9	7	7
共産	14	+3	6	3	1	5
おおさか維新	12	+5	7	2	3	4
こころ	3	±0	0	0	0	0
社民	2	−1	1	2	0	1
生活	2	−1	1	2	−	1
元気	2	−1	−	1	−	−
改革	0	−1	0	1	0	0
諸派	1	±0	0	0	0	0
無所属	11	+3	4	7	4	−
計	242		121	121	73	48

内閣改造時期など協議 自公党首会談

「落選2大臣 当面は続投」官房長官

朝日新聞、2016年7月11日

回、かわはら先生の憲法についての特別授業を受けるまで、そんな大事な選挙だったのだったというのは知りませんでした。でも選挙期間中には、そんな話はあまり耳にしなかったような気がするのですが。僕たちの回りでも、18歳選挙権実のことや消費増税延期のことは話題になっても、改憲のことや、3分の2のことはほとんど話題になっていませんでしたよ。

かわ　そうなんです。この間の参議院議員選挙の選挙運動期間中、安倍首相は街頭宣伝では一貫して改憲について口にすることはなかったようです。最大の争点は経済政策だとして、アベノミクスを加速させるというようなことばかり言って、改憲の是非について正面から問うことはなく、野党からは「争点かくし」だと言われていました。にもかかわらず、選挙が終わったとたんに「（改憲へ）しっかりと橋がかかったと思っている」というように、改憲に向けての意欲をあらわにし始めましたね。

けん　選挙前に堂々と公約として主張していなかったことを、3分の2に達したから今度は改憲をやりますよというのは、なんか「詐欺商法」みたいじゃないですか？　そんなこと、やっていいんですか？

かわ　じつは、安倍首相は過去二回の国政選挙でも、アベノミクスの推進などの経済政策を掲げながら、選挙結果で勝利した後は、選挙前にはほとんど言っていなかったことをやっています。2013年の参議院議員選挙の後には**「特定秘密保護法」**を、2015年には**「安全保障関連法」**を、それぞれ国会で数の力で強行可決しています。

けん　それって、やっぱり、なんか「詐欺商法」にだまされたような気になるのは僕だけでしょうか？

◯3分の2を超えたら憲法は変えやすくなるの？

けん　これまでは憲法を変えることに前向きだった政党の議員の数が両院で3分の2を超えることができなかったので、いまの憲法は変えることが難しい「硬性憲法」だと言われていましたが、今度は3分の2を超えたので「柔らかく」なって、憲法を変えやすくなったということなのですか？

かわ　そういうわけではありません。たとえ両院の3分の2の議員の賛成で改憲の発議がなされたとしても、その後の国民投票で有効投票の過半数の賛成がなければ成立することはありません。その前に、改憲について両院の3分の2の議員が全員一致して合意できるような改憲案を作ることは、そう簡単なことでありません。ですから、いまの憲法は、相変わらず「硬性憲法」ではあるのですが、これまでは、その憲法が変わる可能性がほとんどなかったのが、**「改憲勢力」が3分の2に達したことで、その可能性が出てきて現実味を帯びてきた**ということです。

けん　でも、今回3分の2を超えた「改憲勢力」と言われている政党の議員の人たちは、皆さん憲法を変えることに前向きなのですよね。

かわ　じつは、そうとも言えないのです。政権与党は自由民主党と公明党ですが、この自由民主党は結党以来改憲をめざすことを党是としてきた政党で、第9条を改定して自衛隊を国防軍にするというような独自の憲法改正草案を作成していますが、公明党の方は、必ずしもこのような改憲には積極的ではありません。特にこれまでも「平和の党」ということを標榜してきたので、第9条の改定については党だけでなく最大の支持母体である創価学会からも強い抵抗感があり慎重な姿勢のようです。前にも教えましたが、公明党はいまの憲法のどこかの条文を改定するということよりも、いまの憲法に不足している条文を加えるというような「加憲」ならば賛成するという立場のようです。

けん　政権与党ではない政党でも改権に前向きな政党もあるのですよね。

かわ　日本維新の会という政党は、公約である参議院マニフェストの中に改憲項目として教育の無償化、統治機構改革、憲法裁判所の設置の3点をあげていますが、これらは自民党の改正草案の中にはひとつも盛り込まれていません。

けん　ということは「改憲勢力」の政党の議員数が3分の2を超えたといっても、必ずしも皆さん改憲についての考え方が一致しているわけではないのですね。

かわ　そうなのです。もし国会で改憲の発議をするとするならば、具体的に何条をどう変えていくのかという点で、この3分の2の政党の議員の皆さんの意見が一致しなければなりませんが、それはなかなか難しいことではないかと思われます。

けん　やっぱりまだまだ憲法は「硬い」ということですね。

かわ　そこで自民党は、本丸である第9条の改定では各党の意見をまとめるのが難しかったり、国民からの反対の声も大きいので、**まずは各党からの意見もまとまりやすく、国民からの理解も得られやすいところから「改憲」していこうという戦略**を考えているようです。

けん　前の時間に勉強した、「緊急事態条項」「環境権」「財政規律条項」の三点セットによる「お試し改憲」というやつですね。

○これからは改憲の論議は、どこで誰がするの？

けん　とにかく両院の3分の2を超える国会議員の皆さんが、いまの憲法のこの条文のここを変えましょうということで意見が一致すれば国会での改憲の発議ができるようになるということですね。そのためには、これからどのような手続きが必要となってくるのですか？

かわ　まず、衆参両院に設置されている**「憲法審査会」**という機関で、これからいろいろと論議・審議されていくと思います。

けん　そんな機関が国会にあったのですね。「委員会」というのとは違うのですか？

かわ　「憲法審査会」というのは、２００７年の「国民投票法」の成立を受けて、新たに衆参両院に設置された機関なのです。**日本国憲法について広範かつ総合的に調査を行い、憲法改正原案、憲法に係る改正の発議又は国民投票に関する法律案を審査する機関**ということになっています。設置されてからも、民主党政権下ではほとんど開かれることがなく休眠状態でしたが、第二次安倍政権になってからようやく本格的に動き始めました。２０１５年の6月に開かれた「憲法審査会」で、与野党が推薦して参考人として呼ばれた3名の憲法学者が、当時国会で審議中だった「安保関連法案」について、いずれの学者も違憲であるという認識を示したのは有名な話ですね。

けん　あの時の場面が「憲法審査会」だったのですね。後で僕もネットで見ましたよ。

かわ　あれからしばらく「憲法審査会」は開かれていないようですが、参議院議員選挙で「改憲勢力」

が3分の2を超えたということで、これから本格的に始動すると思います。まずは、ここで与野党の議員による改憲論議が始まると思います。

けん　改憲に反対している野党の議員も一緒になって改憲論議をするのですか？

かわ　改憲に前向きではない野党には、必ずしも改憲そのものに絶対反対というわけではない政党もあるのです。野党第一党の民進党の議員の中には改憲に前向きな考え方の議員もいますし、この間の参議院選挙でも当時の岡田代表は「安倍政権下での改憲には絶対反対！」と言っていました。また、選挙後には、「安倍首相がいまの憲法をGHQの押しつけという見解を撤回して立憲主義を遵守すれば、第9条以外の条文については論議に応じる余地がある」ということも言っています。

憲法審査会での3名の憲法学者（左より、長谷部恭男、小林節、笹田栄司）。提供：朝日新聞社

けん　そうなんですか。「改憲勢力」以外の政党の国会議員は、みんな改憲反対だと思っていたんですが、そうでもないんですね。

かわ　いずれにせよ、これから「憲法審査会」で、いまの憲法について変えるのか、変えないのか、変えるとしたらどこをどのように変えるのかという論議が始まると思います。

◯「国民投票」で国民の意見は二分されないの？

けん　憲法審査会で話し合われて、いまの憲法を変えましょうということになったら、改憲の発議ができるのですか？

かわ　改憲の発議には、まず衆議院で１００人以上、参議院で50人以上の賛同を得たうえで改憲の原案を国会に提出し、それを衆参両院の憲法審査会で審査をすることになります。最終的には改憲原案が憲法審査会で出席議員の過半数の賛成で可決されると、本会議に付され、衆参両院それぞれで総議員の３分の２以上の賛成で改憲の発議が行われることになります。

けん　そうなったら、今度は**国民投票**になるのですね。

かわ　そうです。改憲の発議が国会で行われてから60日〜１８０日の周知・広報期間をおいたのち国民投票が行われることになっています。

けん　２ヵ月から６ヵ月くらいということですね。憲法を変えるという大事なことを、たった数ヵ月間の周知・広報期間ですべての国民に知らせることなんてできるのですか？

かわ　そうですね。改憲の原案の内容を知らせるだけでなく、その改憲が必要なのか、改憲すればどのようなことになるのか、そのメリットやデメリットをしっかりと理解して、国民全体で論議していく必要があると思います。そのためには２ヵ月から６ヵ月間というのは短いと思います。

けん　そういえば、この間イギリスでも国民投票が行われていましたよね。

かわ　あれはイギリスがEU（欧州連合）から離脱するかどうかを問う国民投票でした。政治家だけでなく国民の世論が「離脱派」と「残留派」に大きくふたつに割れて、互いを非難し合う激しい攻防が行われて、結果はわずか数パーセントの差で「離脱派」が勝利しましたが、「残留」を訴えていたキャメロン首相が辞任するなど、その後も大きな混乱を招きました。

けん　「残留派」の国会議員が射殺されるなんて事件もありましたよね。

かわ　国民投票が行われる前に、なにが問われている投票なのかということについて、国民全体にしっかりと知らせることだけでなく、**国民全体でしっかりと論議・熟議していかなければ、国民の中に「分断」を生じさせたり、対立や混乱を招くことになりかねません。**法律と違って、憲法はいったん変えてしまうと、そう簡単にまた変えようということにはなりません。そういった意味でも、改憲についての論議には、十分な時間をかける必要があると思います。

けん　そうなると、改憲の論議は、やっぱり2年も3年もかかるということになるのですか？

かわ　ところが、安倍首相は自分の党総裁任期中に、ぜひとも改憲を成し遂げたいという「悲願」を持っているようなのです。党総裁の任期は2018年の9月までですので、逆算すると2018年のうちには国会での改憲の発議と国民投票が行われなければ実現できないことになります。

けん　ということは、国会で改憲の発議がされるかどうかまで、もう2年もないということですね。

かわ　そのような安倍首相の個人的な「悲願」や「事情」にこだわることなく、私たち国民は、本当に憲法を変える必要があるのかどうかについて、じっくりと考えて、しっかりと論議をしていく必要があると思います。

◯「憲法改正」じゃなくて、「憲法改変（改悪）」じゃないの？

けん　先生の授業を受けて、憲法がどのようなものなのかとか、いまの憲法を変えるということが、いかに大変なことなのかが、だんだんわかってきましたが、最初から、ひとつ疑問に思っていたことがあるのです。

かわ　それは、なんですか？

けん　いまの憲法を変えようとすることをよく**「憲法改正」**と言っていますが、「改正」というのは、それまで間違っていたり、正しくなかったものを、「正しく改める」というように受け止められる言い方だと思うのです。でも、これまでの先生の授業を受けていると、必ずしもいまの憲法のあちこちの条文の内容が間違っていたり、正しくないものだと言うこともできないように思うのです。そして、いまの憲法を変えようという考え方の内容を見てみると、**「正しく改める」**というよりは、むしろただ単に条文の文章を**「書き換える」**ように思えるところもあったのです。

かわ　そう言われればそうですよね。私も、これまでに「憲法改正」という言葉を使うことがありましたが、「改正」＝「正しいものに改める」というわけではありませんよね。そうであるならば、むしろ、「憲法改正」という言葉ではなく、**「憲法改変」**という言葉の方が、正しい表現かもしれませんね。

けん　憲法改正をしたいという人たちの考えや草案の内容を見ると、僕から見て、むしろかえって「悪くなる」と思うようなところもありました。これだと、むしろ**「憲法改悪」**になるんじゃないですか。

かわ　よくメディアの世論調査で、「憲法改正に賛成ですか？　反対ですか？」というアンケートの質問項目がありますが、これって、たとえば「民法改正に賛成ですか？　反対ですか？」というような質問はあまり考えられませんよね。憲法改正についての賛否を問う前に、まずは本当に憲法を変えることの必要があるのか、あるとしたらなぜ変えなければならないのか、ということについてしっかりと論議していかなければならないと思います。

けん　かわはら先生は、いまの憲法について、変える必要はないと思っているのですか？

かわ　これまでの私の授業の内容を聞いてもらえば、わかると思いますが、基本的にはいまの憲法を、いますぐにどこかの条文を変える必要はないと思っています。けれども、いまの憲法には改正の手続きについての条文がある以上、絶対に変えてはいけないというものでもないと思っています。

けん　先生は、どういう場合だったら憲法を変えてもいいと思うのですか？

かわ　何度も言っていますが、憲法改正を考える時に大事なのは、「誰が憲法を変えたいと言っているか（思っているか）」だと思います。日本の国民の大多数の中から、いまの憲法を変えたいという声が上がってきて、国民の中での論議が十分になされていくのであれば、場合によっては憲法改正ということもありえると思います。しかし本来憲法を遵守し、憲法に縛られる立場であるべき為政者・権力者の側から、この憲法は変えたほうがよいと言ってくるのは、民主主義の大原則である立憲主義から言ってもおかしいのではないかと思います。

けん　そうですよね。暴れそうなので縛られている人が、この縛りを緩くしてくれと言っているようなものですよね。

◯憲法を「変える・変えない」の前に、まずは憲法を「知ること・活かすこと」

かわ　「憲法改正」については、すぐにいまの憲法のどこに問題があって、どのように変えるのか（変えないのか）ということが話題となりますが、まずは、その前に、そもそも「憲法」とはどのようなものなのかという「立憲主義」について、しっかりと**「知っておくこと」**が大事だと思います。

けん　先生、特に今回は、「憲法とは国家が守るべきもの」であるという「立憲主義」について教えてもらいましたが、このことは中学校ではあまり習っていなかったので、とても驚きました。中学時代は、ひたすら憲法の条文や○○権という言葉を覚えさせられたことしか印象に残っていませんでした。

かわ　僕たち教師も、どうしても教科書に書いてある憲法の条文や語句を、いっぱい教え込もうとして、それらがみんなの生活や人生と深く結びついているのだということを実感させないで、教えてしまいがちです。そこのところは教師も反省しないといけないですね。

けん　でも先生、いまの憲法を読んでみると、すごく立派なことや、理想的なことが書いてあるのですが、現実の政治や自分たちの生活や人生に深く結びついているというようには、なかなか実感できないのですが……。

かわ　そうなんです。憲法というのは、ある意味でこの国の**「理想」**が書いてあるのです。その国の国民のどのような人権が、どのように保障されなければならないのか、どのように侵害してはいけないのか、そのためにどのような政治体制で政治が行われなければならないのか、というような「理想」が書いてあるのです。ですから、「憲法を知る」ということは、たんに憲法の条文や内容について知るだけでなく、憲法が理想としている国会のあり方や国民の権利の保障に対して、現実の政治や国民の生活や人生の中で、きちんとそれらが保障されているのか（いないのか）、侵害されていないのか（いるのか）、そのための政治がきちんと行われているのか（いないのか）についても、きちんと「知る」必要があると思います。

けん　つまり、教科書に書いてあることだけでなく、**現実の政治の動きや、自分たちの生活や人生に起きていることと、憲法に書かれている「理想」がどのように活かされているのかについて、知らなければならない**ということですね。でも実際問題として、憲法に書かれている「理想」が、現実の政治や自分たちの生活や人生の中で、活かされているようにはあまり感じられないのですが。

かわ　そこがものすごく大事なところですよね。憲法に書かれている「理想」が、現実の政治や自分たちの生活や人生に、きちんと活かされていないのは、憲法に書かれていることに問題があるのではなく、それを私たち国民自身が、**きちんと憲法を「活かしていない」**ということなのだと思います。そういった意味で、いまの憲法を「変える・変えない」ということの前に、まずは、いまの憲法について**「知ること」**、そして、いまの憲法を現実の政治や自分たちの生活や人生に**「活かすこと」**が、ものすごく大事なことなのではないでしょうか。

◯じつは、これまでも「活かされてきた」いまの憲法

かわ　けれども、いまの憲法というのは、この69年間、しっかりと「活かされてきた」ところもあるのだと思います。私たちが生きていくためには「水」と「空気」は、必要不可欠なものなのですが、私たちは普段その存在をほとんど感じることはないですよね。その存在を強く感じるのは、「水」や「空気」が不足したり、汚染してしまった時ではないでしょうか。憲法も、この「水」や「空気」と同じように、私たちがこの国で平穏無事に生きていくために必要不可欠なものであり、私たちは、**この憲法が「活かされてきた」ことによって「生かされてきた」**ということもできると思います。

けん　憲法は、心臓や胃のようなものかもしれませんね。心臓も胃も、ふだん健康な時には、ほとんどその存在を感じませんが、病気になって調子が悪くなった時に、はじめてその存在を感じるみたいなものですね。

かわ　**いまの憲法が制定されてから69年間、日本は一度も外国と戦争をすることなく、外国の戦争に巻き込まれることもなく、日本人は戦争で一人も殺されることなく、一人の外国人も殺すことはなかったのです。**このような国は、第二次世界大戦後、ほんの数ヵ国しかないのです。間違いなく、これはいまの憲法の第9条の「戦争放棄」の条項があることによるものであると思います。

けん　他の国では、そのようなことはないのですか？

かわ　日本の同盟国であるアメリカ合衆国は、第二次世界大戦後、20回以上も、どこかの国と戦争状態であったり、世界のどこかで軍事行動をとってきていると言われています。この70年間で、たくさんのアメリカ軍の兵士が命を落としています。そして、アメリカ軍の軍事行動によって、命を落としたり、身体や心に傷を受けた人々は数え切れないほどだと思います。

けん　日本のような、他のアメリカ合衆国の同盟国ではどうなのですか？

かわ　イギリスは、イラク戦争の時に多国籍軍に参加して、１７９人のイギリス人兵士が命を落としています。お隣の韓国は、ベトナム戦争の時に、３万人の自国軍を派兵し、５千人以上が命を落としていると言われています。

けん　日本という国が、戦後70年間、一度も戦争をせず、一人も戦争で死ぬこと・殺すことがなかったということは、ものすごいことだったんですね。

かわ　まさに、いまの憲法は、その制定以来、**「平和主義」という理想**が「活かされてきた」ことによって、日本の国民の生命と自由と財産という基本的人権が、再び「戦争の惨禍」によって侵されたり、失われたりすることのないように、しっかりと**69年間、国民を「守ってくれた」**のだと言うことができると思います。

◯憲法第9条にノーベル平和賞？

けん　先生！　日本国憲法の第9条がノーベル平和賞の候補になっているって本当ですか？

かわ　そうなんです。正確に言うと、**「戦争の放棄を定める憲法9条を保持する日本国民」が、ノーベル平和賞の候補**になっているということなのです。

けん　ノーベル平和賞って、オバマ大統領やマザー・テレサが受賞したやつですよね。「日本国民」が候補になっているということは、僕も日本国民なので、その候補者の一人だということなのですか？

かわ　そのとおりです。戦後69年間、「戦争の放棄」を定めた憲法第9条を、一字一句変えることなく保持し、それだけでなく、その憲法に書いてあるとおり一度も戦争を始めることも、戦争に加わることもなかった日本国民全員が、このノーベル平和賞の候補になっているということなのです。

けん　へぇ～、でもその国の国民が全員候補者ということは、もし本当にノーベル平和賞を受賞したら、日本国民全員が授賞式に出席できるのですか？

かわ　それはさすがに不可能だと思いますが、もしそうなったら日本国民を代表して総理大臣である安倍首相が受賞式に参加することになるのではないでしょうか？

けん　えっ！　でも、安倍首相は、いまの憲法第9条を変えたいと思っているのではないですか？　それにしても、ひとつの国の国民全員にノーベル平和賞が与えられたということは、過去にあるのですか？

かわ　過去にはそのような例は一度もありません。ノーベル賞の創設者であるノーベルが、平和賞は

「国家間の友好関係、軍備の削減・廃止、及び平和会議の開催・推進のために最大・最善の貢献をした人物・団体」に授与すべしと遺言しているそうです。

けん　つまり個人だけでなく、団体も受賞できるということですね。

かわ　そうです。過去には「国連平和維持軍」や「国境なき医師団」なども受賞しています。

けん　それにしても「日本国民」全員が候補というのはすごいですよね。

かわ　最初は、憲法第９条に対してノーベル平和賞を与えようということを、神奈川県の二児のお母さんが発案したことから始まったそうです。けれども憲法第９条は「人物」でも「団体」でもないので、その憲法第９条を保持してきた「日本国民」全員を候補としたそうです。国会議員などが推薦人となり、インターネットのサイトで署名を集めて、２０１４年にノルウェーのノーベル委員会に申請したところ正式に受理されて、その年の候補にノミネートされましたが、受賞には至りませんでした。２０１５年にもノミネートされましたが、この年のノーベル平和賞は17歳の少女マララ・ユスフザイさんが受賞しました。

けん　そうだ、僕と同い歳のマララさんが受賞したのでよく憶えていますよ。

かわ　そして、**今年２０１６年も、三年連続でのノミネートが決定した**そうです。

けん　もし今年、受賞が決定したら、僕も「日本国民」の一人としてノーベル平和賞を受賞できるということですね。

かわ　もし本当にそうなったなら、それはいまの日本国民だけでなく、戦後69年間、この憲法を守り続けるために「不断の努力」をしてきた日本国民全員に贈られるものだと思います。

◯本当に憲法を変えてもいいの？

かわ　さて、6時間も続いた私の「特別補習＝出前授業」ですが、最後にけんた君の感想や意見を聞きたいと思います。けんた君は、いまの憲法を変えたほうがいいと思いますか？　変えないほうがいいと思いますか？

けん　先生！　憲法や改憲の問題について考える時には、いまの憲法を「変えるか？　変えないか？」を問うことではなく、**まずは「憲法とは何か？」を「知ること」であり、いまの憲法が掲げている「理想」を、どのようにいまの政治や私たちの生活や人生の中で「活かすこと」を考えること**なのですよね。

かわ　よくできました。さすが、私の授業を6時間もしっかりと受けただけはありますね。でも、けんた君自身は、いまの日本国憲法について、どのように思っているのですか？

けん　今回、先生の憲法と改憲問題についての「特別補習＝出前授業」を受けて、自分がいかに憲法や改憲問題について「よく知らなかった」ということがわかりました。日本国憲法については、小学校・中学校・高校と社会科や公民科で勉強してきたのですが、前にも言ったとおり三大原則や前文・第9条などの条文を暗記するだけで、おおかたはテストが終わったら忘れてしまっていました。でも、今回改めて先生から憲法と改憲問題についての授業を受けて、いまの憲法が、自分たちの生活や人生に深く関わっているものだということがわかってきました。

かわ　そうですか。本当は、1年生の「現代社会」の授業の時に、しっかりと憲法について君たちに教えておけばよかったのですが、やはり普通の授業だと憲法以外にも教えなければならないことがたくさんありますし、定期テストに向けて授業の進度も考えなければならないので、じっくりと理解させることができていなかったのかもしれませんね。

けん　でも先生、いまは学校の授業だけでなく、自分でいろいろと知りたいとか勉強したいと思ったら、インターネットでいろいろと調べることができますし、本屋さんに行けばたくさんの本があります。でも、僕はやっぱり大学に進学して、もっともっと憲法や政治のことを勉強したいと思います！ そのうえで、いまの憲法についてどう考えればいいのかという自分なりの意見を持ちたいと思います。

かわ　やはり法学部に行って、法律の勉強をしたいのですか？

けん　そうですね。先生の授業を受けて、憲法や法律のことを勉強するためには、それだけではなく、いまの政治の動きや自分たちの生活や人生についても、しっかりと勉強しなければならないと思ったので、法学部だけでなく、もう少しいろいろな進路の選択肢を考えていきたいと思います。

かわ　いずれにしても、これから大学進学に向けての勉強に、しっかり取り組まなければなりませんね。

けん　そうなんです！ 先生！ 憲法や改憲についてだけでなく、志望大学に合格するために、これからも「補習授業＝出前授業」をお願いします！

おわりに

２０１１年3月11日に起きた東日本大震災と福島第一原発事故の後、市民に向けての「原発出前授業」を始めたことがきっかけで、翌年、『原発出前授業』という本を明石書店から上梓させていただきました。その後、安倍政権の成立によって「改憲論議」が起きてきたことから、今度は『憲法出前授業』という本を出しましょうという話を始めたのは、３年前のことでした。

私自身は、高校の社会科（公民科）の教師として、35年以上にわたって日本国憲法についての授業を高校生に向けて行ってきたので、当初は中高生向けに憲法についてわかりやすく解説するような本の構成を考えていました。しかし、この間に、「特定秘密保護法」の成立があったり、昨年は国民の多くの不安や反対の声を無視して「安保関連法（戦争法）」が国会で強行可決され、憲法と改憲をめぐる状況が大きく変化していくことになったため、改憲問題を中心とするような構成に変わっていきました。

じつは、この本の原稿の3分の2程度は、すでに一年以上前にほぼでき上がっていたのですが、昨年の私自身の退職・転職、そしてその後、衆議院北海道五区補選や参議院議員選挙での市民と野党共闘の動きに直接関わることになったことなどから、原稿の完成や出版への編集作業が延び延びになってしまいました。結果として、参議院議員選挙後、「改憲勢力」が3分の2を超えるという状況によって、この本を出すことが急務となり、急いで作業をすすめることになりました。

この一年間の憲法と改憲をめぐる状況の大きな変化によって、原稿をあちこち書き換えたり、書き加える部分もありました。本来ならば、もっとていねいに原稿や編集を仕上げなければならないところですが、いまの情勢をふまえて、急いで出版することにしました。したがって、内容や表現に不十分なところやわかりにくいところもあると思いますが、ご容赦ください。

最後に、私のような者に、再びこのような本を書かせていただく機会を与えてくださった明石書店と、編集部の神野斉さんには本当に感謝しております。この本が、憲法や改憲問題について知りたい、わかりたい、考えたいという人たちのために、少しでもお役に立つことができれば幸いです。

２０１６年９月19日

川原茂雄（かわはら　しげお）

改憲問題ブックガイド

〈憲法について〉

伊藤真『伊藤真の日本一わかりやすい憲法入門』中経出版　２０１１年

井上ひさし『二つの憲法　大日本帝国憲法と日本国憲法』岩波書店　２０１１年

高田建・舘正彦『中高生からの平和憲法Ｑ＆Ａ』晶文社　２００１年

池上彰『憲法はむずかしくない』筑摩書房　２００５年

田村理『国家は僕らをまもらない　愛と自由の憲法論』朝日新聞社　２００７年

伊藤真『中高生のための憲法教室』岩波書店　２００９年

伊藤真『憲法が教えてくれたこと』幻冬舎　２０１３年

森英樹『大事なことは憲法が教えてくれる』新日本出版社　２０１５年

藤子・Ｆ・不二雄『ドラえもん社会ワールド――憲法って何だろう』小学館　２０１５年

水上貴央・中野晃一・奥田愛基『ガチで立憲民主主義』集英社　２０１６年

山口二郎・杉田敦・長谷部恭男『憲法と立憲主義を学びなおす』岩波書店　２０１６年

〈改憲・自民党改憲草案について〉

平和・国際教育研究会編『高校生からの「憲法改正問題」入門』平和文化　２０１３年
伊藤真『教えて伊藤先生！　憲法改正って何？』C&R研究所　２０１３年
伊藤真『赤ペンチェック自民党憲法改正草案』大月書店　２０１３年
奥平康弘・愛敬浩二・青井未帆編『改憲の何が問題か』岩波書店　２０１３年
自由人権協会編『改憲問題Q&A』岩波書店　２０１４年
小林節『憲法改正の覚悟はあるか』KKベストセラーズ　２０１５年
あすわか（明日の自由を守る若手弁護士の会）『憲法カフェへようこそ　意外と楽しく学べるイマドキの改憲』かもがわ出版　２０１６年
青井未帆『憲法を守るのは誰か』幻冬舎　２０１３年
白川敬裕『憲法がヤバい』ディスカヴァー　２０１３年
伊藤真『憲法問題　なぜいま改憲なのか』PHP研究所　２０１３年
小林節『白熱講義！　日本国憲法改正』KKベストセラーズ　２０１３年
樋口陽一・小林節『「憲法改正」の真実』集英社　２０１６年

〈著者紹介〉

川原茂雄（かわはら しげお）

札幌学院大学人文学部人間科学科教授（教育学）

1957年北海道長沼町生まれ。日本大学文理学部哲学科卒業。

1980年北海道北部の下川商業高校の社会科教諭となり、以後、道内各地の高校で社会科（公民科）を教える。2011年３月11日に起きた福島第一原発の事故をきっかけに、市民に向けての「原発出前授業」を始めたところ、「わかりやすく面白い」ということが評判となり注文が殺到。最近では憲法や改憲問題をテーマとした「憲法出前授業」の注文にも応じており、これまでの「出前授業」の総数は2016年７月の時点で370回を超えている。

著書：『高校教師かわはら先生の原発出前授業①②③』（明石書店・2012年）、『原発と教育』（海象社・2014年）

かわはら先生の **憲法出前授業**

よくわかる改憲問題――高校生と語りあう日本の未来――

2016年９月19日　初版第１刷発行
2017年１月25日　初版第２刷発行

著　者　川原茂雄
発行者　石井昭男
発行所　株式会社 明石書店
〒101-0021　東京都千代田区外神田6-9-5
電　話　03（5818）1171
ＦＡＸ　03（5818）1174
振　替　00100-7-24505
http://www.akashi.co.jp

カバー・本文イラスト　柳幸恵理子
組版　朝日メディアインターナショナル株式会社
装丁　明石書店デザイン室
印刷・製本　モリモト印刷株式会社

（定価はカバーに表示してあります）　ISBN978-4-7503-4403-4

えほん 日本国憲法 しあわせに生きるための道具
野村まり子絵・文　笹沼弘志監修　◉1600円

戦争報道論 平和をめざすメディアリテラシー
永井 浩　◉4000円

米兵犯罪と日米密約 「ジラード事件」の隠された真実
山本英政　◉3000円

検証 安倍談話 戦後七〇年 村山談話の歴史的意義
村山富市、山田 朗、藤田高景編
村山首相談話を継承し発展させる会企画　◉1600円

番犬の流儀 東京新聞記者・市川隆太の仕事
東京新聞市川隆太遺稿集編纂委員会編　市川隆太著　◉2000円

兵士とセックス 第二次世界大戦下のフランスで米兵は何をしたのか？
メアリー・ルイーズ・ロバーツ著　佐藤文香監訳　西川美樹訳　◉3200円

ジャパン・イズ・バック 安倍政権にみる近代日本「立場主義」の矛盾
安冨 歩　◉1600円

原発危機と「東大話法」 傍観者の論理・欺瞞の言語
安冨 歩　◉1600円

世界を不幸にする原爆カード ヒロシマ・ナガサキが歴史を変えた
金子敦郎　◉1800円

ええ、政治ですが、それが何か？
自分のアタマで考える政治学入門　岡田憲治　◉1800円

そろそろ「社会運動」の話をしよう 他人ゴトから自分ゴトへ。社会を変えるための実践論
田中優子、法政大学社会学部「社会を変えるための実践論」講座編　◉2000円

ヘイトスピーチ 表現の自由はどこまで認められるか
エリック・ブライシュ著
明戸隆浩、池田和弘、河村賢、小宮友根、鶴見太郎、山本武秀訳　◉2800円

マルクスと日本人 社会運動からみた戦後日本論
佐藤優、山﨑耕一郎　◉1400円

沖縄と「満洲」 「満洲一般開拓団」の記録
沖縄女性史を考える会編　◉10000円

戦後沖縄の精神と思想
明石ライブラリー130　比屋根照夫　◉3300円

沖縄・読谷村 憲法力がつくりだす平和と自治 新版・憲法を実践する村
山内徳信　◉2300円

〈価格は本体価格です〉